同频沟通

林裕峰&[日]清水建二 ／著

沈阳出版发行集团
沈阳出版社

前　言

你今天发挥影响力了吗？

说起来，人类的历史其实就是沟通进化史。

怎么说呢？

最早的时候，人与人之间是连最简单的语言都不存在的，实际上这部分就占了人类文明99%以上的时间。至于以文字开始进行沟通交流，也就是信史时代，至今也顶多只有几千年。也就是说，过往文明进展如此缓慢，光石器时代就超过百万年，直到有了文字，有了越来越进步的沟通工具，人类文明发展才突飞猛进。

有沟通才有影响力

所谓沟通，不论在任何时代，都是一种"影响力"的传递。

基本上，在沟通方式越不发达的时代，就越依赖人的本能，例如原始社会就是以蛮力作为主要影响力，谁力量大谁就是首领。在那样的年代，较少谈到沟通术。

在夏商周时代，则是以军队强大与否作为国力的主要判断，春秋五霸、战国七雄，都属于军力最强大的国家，有军力就有影响力。以东方文明来看，历史上记载古人的沟通模式，有句大家耳熟能详的诗句，"烽火连三月，家书抵万金"。这首诗正代表着古时候信息的传达是如何困难。像国与国间交战这样的大事，远距离的军情传递得靠烽火以及快马驿站接力，而一般平民百姓间的沟通，家人一旦走出了家门，彼此要联络就难上加难，在同一个城镇里可能要靠家仆传话，若出了城就得仰赖所谓的"鱼雁往返"，连说句"我爱你"都需要隔个好几天对方才能收到。

从春秋战国百家争鸣起，几大显学，包括儒墨道法，若谈起沟通，主力都是针对"君王"或"致仕之人"，儒家的境界"修身、齐家、治国、平天下"，墨家讲"兼爱非攻"，法家直接倡导"君王统御学"，连看似较不谈权力的道家，典籍中的交谈对象也多是士人贵族。因为在那个时代，影响力只属于有限的高层，直到十九世纪以前，皇帝以及其所属的国家军队，都是力量的绝对象征。皇帝的话是"绝对"的真理，其他包括大官的话、贵族的话等，也都是谁有权谁就主导话语权，那时，沟通只是一种强权的展现。虽有"烛之武退秦师""苏秦张仪合纵连横"等以口才取胜，展现不凡影响力的许多故事，但基本上，对当时一般民众来说，是不可能谈什么沟通术的。

现代人必备的基本功

到了现代，随着文明发展，科技越来越发达，过往只有高阶贵族人士才拥有的权力，逐步被下放到普罗百姓。于是"沟通"对每个人来说越来越重要。

在古代，一个人口才好，如果搭配上足够的官位，那就可以有一定影响力，否则老百姓口才再好，顶多耍耍嘴皮子。然而到了现代，沟通能力强不强，却变成一个人生活是否幸福的关键。

如同前面说过的：沟通，就是影响力的传递。在现代社会，影响力越大的人，就代表着实力越强。

● 所谓大企业家以及大政治家，也就是能影响最多民众的人；

● 所谓销售天王以及业绩高手，也就是能影响最多买家的人；

● 一个家庭能不能幸福和乐，就看家人彼此间的影响力可否达到平衡。

包括企业内员工和老板间的关系、人际关系中男女交往的互动关系，乃至师生关系、邻里关系、妯娌关系，亦或当一个旅人走在陌生的国度里，懂不懂得与当地人沟通，能不能进而让自己散发出正面影响力，都很有"关系"。

简单地说，我们人生成长的每个步骤，都需要建立沟通能力。从幼儿跟父母撒娇、学生获得老师喜爱、进职场能让上级器重、销售商品能让客户心动、追求另一半要讨得对方欢心、到教育孩子可以取得晚辈信任，以及在小区邻里间得到一定的敬重，每一个环节，都跟沟通有关。

请各位读者记住，这世界：

不是你去影响别人，就是别人来影响你。

不是别人照你的游戏规则走，就是你要成为别人游戏里的棋子，所以"沟通"不是一种选项，沟通是现代人必备的基本功。

人人都需要学沟通，沟通就需要靠提问

提起沟通，人们就要"问"：本书为何要特别强调"读心"和"提问"？是的，如同前面这句话，你是先"问"我一个问题，所以我才知道怎么回答你。

懂得问问题，正是建立沟通的主要关键，也是文明运作的根本。

举例来说，当两只蚂蚁或两条鱼相遇，它们彼此间会不会"问问题"？好比说"你肚子会不会饿啊？我知道前面转角有食物可以吃哦。"它们显然不会问问题，但它们知道如何传递讯息。

专家研究，虫鱼鸟兽虽然没有语言，但它们懂得传递讯息，像是不同的鸟叫虫鸣，或者猩猩狒狒的许多肢体语言，乃至狗猫在自己的地盘撒尿，都是一种传递讯息的方式。虽然鸟兽都可以进行"沟通"，但却建立不了文明；可见，单单讯息传递

只是低阶的沟通，要能够"问问题"，才能让文明产生新进展。

可以肯定地说，人类的世界就是在一问一答间建立起来的。

因为有许多科学家及学者问"为什么"，所以才会产出很多研究，让科技进步、商业流通，以及发明各种改善人类生活的制度与产品。

因为人类从孩提时期就懂得问问题，才可以不断学习成长。也因为人们懂得在各种场合透过问题，表达困惑、不满或好奇，所以社会不断处于语言的"动态"。充满"问题"的世界，也会是朝气蓬勃的世界。人间相处的氛围，就好比一方池塘，若水完全不流通就是死水。水若要活起来，就有赖"提问"。

可以想象：

● 男女间不问问题，不问"你明天想去哪里玩？""你今晚煮什么菜？"那肯定是关系很冷漠的一对。

● 同事间不问问题，不问"这个案子目前进度到哪？""公司这个月设定的目标是什么？"那这样的公司，肯定已经人心疏离，离倒闭不远了。

而如果说，提问式的沟通，是人类远胜其他生物的优势，是可以创建文明的根本。那么，搭配读心的提问，也就是所谓的"察言观色"，更是人类文明突飞猛进的一大关键。

除非真的是很笨的人，否则就算是一个孩子，也懂得"看脸色说话"，当爸妈情绪不好时，最好不要问问题。一般人更是可以借由提问，掌握沟通前、沟通后的种种变化，进而判定情势。好比说，原本两人还有说有笑的，但其中一个人问："对了，你妈妈最近怎样了？"当一方忽然面露悲伤时，另一方就知道该适时闭嘴，可能对方的妈妈生病或者遇到更糟的情况了。其他像是借由简单的表情判断，搭配提问技巧来套话，也是一般人都可以做到的，例如：

● 聊到某个话题，看到对方神色慌张，就知道这里头有"鬼"，对方肯定做了什么对不起别人的事。抓住话柄追问，就可以问出名堂来。

● 男女间谈着谈着，女方边讲边羞红着脸，不时用爱慕的眼神扫向男方，除非是真的很迟钝的男人，否则男方再怎样也都可以判定女方动心了。此时要提出各种约会提案，都一定会成功。

当然，如果每次沟通都那么简单，那就不会有沟通学诞生。事实上，人类文明已经进化到非常复杂，我们每天都活在"表里不一"中。例如，大家都有经验的，明明内心恨得牙痒痒，但面对客户还是展露笑颜说出礼貌恭维的话；明明喜欢一个人，却因为矜持故意说反面的话；或碍于某些文化礼仪的禁忌，把话讲得拐弯抹角。

当这样"表里不一"的现象充斥，而现实生活中我们又特别依赖沟通来建立各种事业、家庭及人际关系时，读心提问术就变得非常重要。

沟通与业务推广密切相关

前面提起很多沟通跟文明的关系，而文明包含并联系着整个世界运转的经济、军事、外交，当然也包含每个人最熟悉的日常作息及生活种种。

但为了让读者更聚焦，我们其实也可以把沟通视为"销售"的一环。

提起沟通，一般市面上最常见到的书，不论是教导业务营销术，或者领导统御术，或者男追女必胜大全，乃至于亲子沟通、夫妻沟通类的书。

最终，其实都是告诉我们一件事，沟通就是"销售"。商人设法把商品销售给陌生消费者，这是销售；男孩试图说服女孩周末出去约会，这是销售；企业员工想要让老板接受他所提的企划案，这是销售；就连爸妈要哄小朋友晚上早点上床睡觉，这也是一种销售。任何人，只要想将自己的影响力传达给另一个人，这中间就有了销售行为。

当然，本书虽不是谈销售主题的书，但是当我们谈沟通时，一定会有一大切入点，会包含人与人间的销售传递。举例来说，业务员甲去拜访客户乙，业务员甲当然会带着他的产品说明书以及他的一套说辞，目的是要去影响客户乙让他下决定买产品；相对来说，客户乙心中有一套想法，有他的坚持，他不一定认同业务员甲。然而以结果来说，不是甲销售成功，就是甲销售不成功。前者就是甲的影响力压过了乙，后者则反过来。

如果任何人来和客户乙沟通，结果都是一样的话（好比假定乙是个躺在医院的植物人，不论谁来沟通，他都不会点头买单），那么就不会有"沟通术"的存在。但只要"一件事可以透过沟通来改变"，那就一定需要懂得"读心提问术"。相信本书传授的种种观念及技巧，可以对任何人都有帮助。

当然，除了典型的销售或一般定义的销售（如男追女、父母带小孩等），也有一些跟销售没什么必然关系的人际沟通。好比说，如何安慰一个伤心的人、警察侦讯嫌疑犯、人事部门面试新人，等等。这些人与人间的互动，也需要用到沟通学，而懂得"读心提问术"，必然可以让沟通的效率变快。虽然不一定能得到"双方想要"的结果（毕竟，本书不是讲谈判学），但肯定可以让沟通顺利进行，而取得一定的结果。

随着文明的演进，也许在未来世界，沟通的模式会改变。例如未来脑科学可能进展到大家都可以用脑电波沟通，或者进入机器人时代，凡事由机器人代劳，沟通也透过机器人执行。

也许到那样的年代，沟通变得单一，就比较不需要读心提问技巧了吧！

在那之前，还是让我们好好发挥自己的影响力。

透过沟通交流，让自己在家庭事业都圆满如意。

备注：

以下本书的内容，大部分不会特别以"读心提问"来说明两人间交流的术语，而直接统称"沟通"，唯有要强调读心提问的技术部分，再特别分开讨论。

目 录

Contents

UNIT2

沟通是影响力的艺术

读心提问初阶技术篇

UNIT3

谈话谈到心坎里

读心提问人际管理篇

UNIT4

问出你的业绩来
读心提问业务技巧篇

UNIT 1

让我与你沟通同频

读心提问基础篇

Chapter1

沟通才是生存之道

沟通基本定律 1

沟通，就是影响力的传递。

沟通基本定律 2

同样的沟通，搭配不同的人、事、时、地、物，有不同的结果。

学习是一种乐趣。然而提起学习，这世间有两种学习，一种是知识为主的学习，一种是观念为主的学习。

基本上，知识学习是属于较无可动摇的硬概念，像科学就包含大量的知识，当然也包含很多观念。其中知识的部分，例如数学：$2+2=4$，化学：水的化学式是 H_2O，物理：牛顿第一定律，物体具有惯性……都是知识。所谓知识，就是放诸四海而皆准，至少在地球上是如此。而所谓观念，就是可能因应不同的时间地点变化，会有不同的应用。例如：敬老尊贤是种观念，但在不同的国家可能做法就不同。

那么，谈起沟通，这是一种怎样的"观念"呢？的确，沟通是一件很奇妙的事，也就是说，同一个主题，同样的当事人，当在不同的时间点，或者交换不同的对应人，沟通的结果却可能不同，甚至产生完全相反的结论。这一点也不科学，却是每天都在发生的事。

当面对同一个人，可能派出某甲跟某乙去沟通，最终得到的结果却很不一样，在业务课程上，最常被引用的一个案例，就是如何销售梳子给和尚。

甲去跟和尚沟通（也就是销售），最终铩羽而归，一把梳子都无法卖出去；而乙却成功地达成沟通，不但成功销售梳子，还取得长期大量的订单。其实，就连这个成功销售梳子给和尚的乙业务员，也必须搭配一定的沟通情境。好比说，如果当天那位和尚正赶着去处理一些急事，正处于焦头烂额中，那么乙再怎么舌灿莲花，当天也派不上用场；或者那位和尚当天若处在心情很恶劣的情境里（人非草木，就算出家人也有心情糟的时候），这种情境下乙业务员的沟通也多半会碰壁。

甲跟乙去谈，沟通的结果大不同。今天沟通跟明天沟通，结果也可能大相径庭。

所以，沟通一点也不科学。但却有两个不变的基本定律。如本章前面所述，"沟通，就是影响力的传递"，就是我们本书要切入的主题。

一个人把他的要求，无论是销售、劝诫、警告、安抚或提案，传达出去，就是沟通成功，也就是影响力传递出去了。

但到底如何把影响力传递出去呢？既然沟通这件事一点也不科学，我们就要从一般人际关系中找出适用的通则。

人与人之间的基本组合

假定你的代号是甲，现在以随机的方式，从这世界上任意挑一个人与你见面。那以沟通气氛来说，你们之间会有几种组合呢?

如下所示:

1. 快乐的组合

乙对你印象好（可能你们本来就是朋友，或者你们两相见后很投缘）。

2. 普通的组合

乙对你印象不好也不坏(毕竟,你们彼此本来就是陌生人)。

3. 不佳的组合

乙对你的印象不佳（事实上，彼此是陌生人也就罢了，如果甲还要进一步去和乙进行销售，那乙的初步反应，大部分是偏向拒绝的）。

所谓沟通，就是影响力的传递。但难度又有不同，而一个人在世间成就好坏与否，就看他如何做好沟通:

● 明星或名人

他们可以让"普通的组合"变成"快乐的组合"。

例如中国台湾摇滚乐团五月天，他们的粉丝上百万，但五月天认识他们吗？大部分都不认识，所以这就是他们的影响力展现。

● 领袖及伟人

如果让"普通的组合"变"快乐的组合"，这不算稀奇，最厉害的人，是可以让原本"不佳的组合"，一一变成"快乐的组合"，例如那些以精神感召世人的宗教领袖特里萨修女，或不朽德行传世的孔子等。伟人可以让本来顽劣的人，放下成见，成为受教的人。

● 一般的成功者

如果讲名人或伟人太遥远了。那谈谈身边周遭就可以见到的例子，那些有成就的企业家或值得尊敬的老师及长辈，他们是如何让许多"普通的组合"甚至"不佳的组合"变成"快乐的组合"呢？本书传授的读心提问沟通技巧可以派上用场。

● 最糟的沟通者

相较来说，最糟的沟通者，是可以让"普通的组合"恶化成"不佳的组合"，甚至让原本"快乐的组合"变成"不佳的组合"。不幸的是，这种情况在现代社会很常见，包括越来越高的离婚率、社会上充满的暴戾之气，以及每天翻开报纸不免看到那些情节越来越匪夷所思的负面新闻。追本溯源，肇因都是不良的沟通。

这也让笔者深深认知到本书的重要性，我们不一定要成为沟通万人迷，但至少要跟周边人际建立和谐的联结。

回归到主题，总之，对每个读者来说，我们基本要做到的，就是发挥自己的影响力。对于原本的亲朋好友（也就是快乐的组合），我们要做到相亲相爱互动和谐；但对于"普通的组合"以及"不佳的组合"，如何让他们翻转印象，从排斥你的影响力，到后来接受你的影响力呢？

这一点，只要透过适当的读心提问技巧，一定可以做到。

沟通是现代人的必修显学

在现代，读心提问技巧特别的重要，关键因素有三点：

第一，人际间，越来越不真实

学生时代，老师总教我们做人要诚实，但不免会碰到一个矛盾点，那就是既然要诚实，就该展现"真实的本性"，可学校又教我们要懂得礼貌礼节，于是人人见面以"礼"相待。然而，这造成一种情况，表面上我们看到的事，却不必然是真正对方内心所想。

好比说，一个人可以当面跟你微笑着，甚至称赞你。但实际上，他却对你的产品完全没兴趣。或者所谓的"笑里藏刀"，你真的无法单纯以脸上和善的笑容或者对方赞美的话语，就判定这是善意的沟通。

如何穿透"礼貌的伪装"，真正传达有效的沟通，这就需要更了解"读心提问"沟通技巧。

第二，进入数字时代，人人必须提升竞争力

过往曾有这样的年代，所谓的"一技之长"，一个人靠着一项技艺，如打铁、冲洗照片，就可以维持一家子生计。然而，时代在变，并且变得很快，曾经的专业，一夕间可能毫无用武之地，比如数码相机的问世，传统的摄影师若不转型就得失业。

现代流行的是"斜杠青年"以及职场能力多任务，而较不

讲究终身雇用制，一个人必须让自己可以胜任多样的职位。但不论怎么变，沟通是面对各种产业及挑战的基础必备技能。在现代，像"读心提问"这样的技能更加重要。

第三，销售，与你我都有关

接续着上一段所谈到的趋势，人人除了要尽量让自己"斜杠"，让自己"多任务"外，也都必须懂"销售"。

最明显的改变发生在银行，从前银行里各岗位分工明确，柜台就是临柜服务，贷款就专注谈贷款业务，但如今，在银行服务要身兼十八般武艺，要会卖贷款卖保险卖信用卡，并且还有业绩额度规定。而在生活中，随着网络平台的兴起，人人都可以靠着手机做生意，于是人人面对各种机会，也等同面临更多挑战。就连原本只在家带小孩的妈妈，可能也多了个身份兼任直销商或做微商，总是要卖点东西，才能为家计尽点力。

没有人可以自外于他人，都必须做好沟通，打造影响力。

透过提问与读心，你我才能在二十一世纪网络大数据时代生存下来。

沟通与人性

在讨论提问读心技巧前，这里要先和读者说明，人是"感性"的动物，这是沟通需要技巧的主要原因。

曾有人好奇，机器人和人类最大的差别是什么，若到了某个时代，机器人发展到已可以胜任全人类所做的"全部的事"，那人类还有什么优势有的，至少有个本来是缺点的优势，那就是所谓的"人性"。

正常情况下，餐厅的服务生如果被客人言语羞辱了，他会生气，但机器人不会。两军作战，若敌人破坏我方的祖坟，所有人会同仇敌忾，但机器人不会。一个无法有正常情绪的机器人，虽然总是能用最有效率的方式做"对"的事，但永远无法取代"人性"的感觉。

话说回来，本书所介绍的不论是"提问"或"读心"，都是基于人性。就是因为诸多的人性弱点也好，特性也好，所以许多的问话，才能带来某种影响力。好比大家熟知激将法、指桑骂槐、虚张声势等，都是基于人性，如果对方是机器人，那什么激将法之类的，就无用武之地。

基本上，读心要搭配着提问，也是因为"人性"。再怎么意志坚强或情绪平稳的人，难免也会有心情波动，进而影响判断力的时候。若能适当结合读心，加上提问，就能达成销售或其他影响对方的目的。

人在以下三种情况，特别容易受到影响：

1. 兴奋

2. 悲伤难过

3. 惊吓

当人处在这三种情绪中，特别容易被说服。如同大家知道的，在一个女孩子最悲伤脆弱时靠近她，就容易掳获她的心。在一个人最兴奋的时候，向他要东西，最容易得手。

而关于惊吓。有一个著名的实验，某个老师和学生互动，老师请学生把手伸出来，正当学生看到老师也伸手以为准备要双方互握时，没想到在最后一刻，老师忽然将手收回，让学生手伸着就愣在那里。此时，老师对学生发号施令，要他蹲下，数到十，再站起来，学生就乖乖照做。

事后问学生，为何真的要蹲下数到十，学生回答："因为当时整个人被未曾料到的情况吓到愣住后，脑子一片空白，于是别人说什么他就做什么。"

这就是典型的：透过影响一个人的情绪，进而影响一个人的行动。如果一个懂得读心术的人，配合专业的提问技巧，就可以经常发挥像这样的影响力。

学会读心后，可以适度观察人的种种表情或肢体语言，结合人性特质，再结合提问，把交流导向对我们有利的方向。

但现代人想在社会生存，都至少要有两三把刷子。人人都已经懂得掩饰真情，甚至"见人说人话，见鬼说鬼话"，不是我们想影响对方就影响得了的。

因此关于情绪，有个重要观念：一是把握情绪，二是创造情绪。

例如看到一个女孩正伤心难过，我们适时提供安慰，这是把握情绪。而像前面那个老师突然做出某个动作，让学生被吓到愣住的例子，就是创造情绪。

无论哪一种，都有赖抓住正确时机，下一章，就来介绍如何掌握时机。

Chapter 2

选对时机及读心判别

　　智谋高远如诸葛亮者，也需要等待东风，才能使那千载闻名的"火烧连环计"；有冰山美人者，贵族弟子千金不可得，但一介凡夫俗子，只选在惆怅悲秋伊人感伤时辰，静夜吹箫，声声入耳，抱得美人归。

　　时机，非常重要。

　　任何真正的谈判家、业务高手或沟通达人，口才好坏是其次，懂得"见不悦避风头""见势好，乘胜追击"那才是最终成功的关键。

　　其实"如何说服"虽是一门功课，但在那之前，另一门更重要的功课，就是"察言观色"。

　　所谓"读心提问"，"读心"一定要在"提问"前。这是我们在做良好沟通前，必须知道的基本观念。

沟通需要阶段性前进

沟通的情况有很多种，在此，为了方便说明，让我们就以最标准的业务销售做例子吧。因为业务销售，通常符合两个特点：

第一，对方可能是陌生人，或者至少是不熟的人。

第二，双方谈话有具体目的，就是要达成销售。

假设你是业务员甲，你准备去拜访一位客人，你一定要选择最佳的"时机"，所谓最佳时机，分成两阶段，第一阶段是"客户心情好的时候"，第二阶段是"客户对产品有兴趣的时候"。

特殊情况下，有的客户没经过第一阶段就进入第二阶段（好比他急着买头痛药，尽管当时的他因为头痛而心情不好）。

但大多数的情况，我们必须在和客户应对进退间，逐步由零开始，进展到成交。其实有点像打棒球的概念，我们要一个垒包一个垒包的前进，才能回到本垒得分。虽然偶有全垒打的情况，但太多的业务员一与对方交谈，就急着掏出型录，开始说明产品，并催着客户下单，那就是休想一上场就得分，反倒连一垒都抵达不了。

具体的做法，当我们面对客户时，如何让他们的心情，从不信任逐步转为信任，甚至后来愿意买你的产品呢，这牵涉到各种提问的话术，本书后面会陆续介绍。但这里我们要先导入如何一垒一垒前进的观念。以下举例：

业务员甲和客户乙约好见面，经过简单的寒暄后，甲即刻进行尽责的产品介绍。说完一个段落，两人的对话：

甲："老板，你觉得我们这个产品怎样呢？"

乙："不错啊！"

甲："这产品应该符合贵公司需求吧。我们公司的品牌信誉您也是可以信任的。"

乙："对啊！我相信贵公司也算市场上知名厂商。"

甲："那么，贵公司是否先订购几箱产品试试？"

乙："不了，目前不需要。啊！我等一下还有会要开，就不多聊了。再见，很高兴认识你。"

在甲的错愕中，乙礼貌地告辞离开。他们俩甚至没交换过名片，也就是说其实甲完完全全地被拒绝了。

究竟发生什么事了？为何看起来谈得很愉快，客户乙也都肯定甲公司的产品了，怎么最后却没能成交呢？

答案是，前面的对话，我们只听到"声音"交流，但没有让读者看到影像。好了，实际上，他们的对话，若搭配影像的话，当业务员甲一边介绍时，客户乙的表情及种种肢体语言是和他说的话不搭的。也就是说，他虽然表面上称赞业务员甲的产品，实际上却频频看表，眼神飘忽，表明他内心没兴趣。

不懂读心术的甲，没能成交是理所当然的。

那到底该怎么做呢？

表示"拒绝"的身体语言

如前所述，谈业务，要一个垒包一个垒包前进。

当两人初相见，彼此都不熟悉，也绝对不可能会有"交心"的好印象，此时业务员也别妄想一步登天，以为端出倒背如流的业务经就可以打动对方的心。

两人见面的第一个步骤，应该是透过谈话，取得对方的基本数据。要怎么知道对方对什么有兴趣呢？就要懂得"读心"。

当业务员甲和客户乙谈话时，乙虽然讲话礼貌，但却呈现出"排拒"的表象，那就不是好的产品介绍切入点。以下是几个可以简单判断的负面表征：

● 表情会说话

除非是专业演员，否则一般人正常的表情是可以看出好恶的。再怎样满嘴客套话，眼神还是会流露出不满、质疑、不屑、不耐烦等的眼神。或者表情虽然在笑，却是干干的笑。这都是对对方不信任、不认同的表现。

● 身体会说话

如果说，有人因为应酬习惯了，连表情都能完美伪装。那么，至少身体会说实话。

最常见的几个负面肢体语言：

1. 抱胸

这是最常见的一种"防备心"象征，可分成"感到没安全感的防卫动作"，以及把你列为非我族类的抗拒动作。

前者是表示对业务员甲感到不信任，不打算接受他这个人，更别提买他的商品了。后者是对业务员甲表达"你还不够格说动我"，因此我抱胸，把你的话语拒绝在我的"心房"外。

日常生活中，我们最常表现出抱胸的场合是看恐怖片时，当感到害怕，会不由自主抱胸；甚至抱胸还不够，干脆双手遮眼不敢看，那就是一种跟外界说"不"的情境。但实务上，笔者也曾遇过一种情况，虽然对方自始至终都双手抱胸，最后沟通完却能顺利成交的案例，后来才知道，对方抱胸不是因为抱持防卫心，而是因为坐得离空调风口太近，她感到冷才抱胸。这自然只是特例。

2. 身体前倾或后撤

一个人若真正对一个议题感兴趣，身体会不由自主地朝谈话的对象靠近，就好比你去听偶像歌手的演唱会，一定想要越往前站越好。相反地，若觉得对谈话对象"这个人"或者他谈的事情没兴趣，你的身体就会跟对方保持一定距离。

所谓前倾，看起来会比较明显。其实，一个人如果心存排拒，那就得靠读心术才能察觉。基本上，有三个部位可以看出来：

（a）头部：

一个其实只是客套性和你对话，内心真正想的却是"不想听了"的人，他会不由自主地，脸部会偏向其他地方，头部也会歪着，好像随时想往其他方向冲过去的感觉。

（b）腹部：

其实也就是整个身体的正面，当一个人心生排拒时，身体也比较不会正面对你。如同前面所说头部的例子，身体转向哪，就代表他这整个人投注在哪。他可能急着要赴下个约，或回去陪家人，总之就是不乐意听你继续讲。

（c）脚部：

最适合呈现想转身就"走"的样子，当然就是看脚了，当对方脚尖朝着外面，就是感到不耐烦，是对你谈话没兴趣的意思。

在谈话的阶段，你看到对方的身体显现出这些负面征兆，请当机立断，改变你们现在的谈话状态。

适时转换谈话状态

什么是改变谈话状态呢？以业务交谈为例，谈话绝对是呈现不同主题段落交错的方式。只有菜鸟业务员，才会只用一种模式谈话。

不同的业务员有不同的谈话频率。好比说，先聊一段私事，再聊一段公事，先聊一段时事，再聊聊家事，然后顺势导入产品事宜，等等。

而每段谈话的转折关键，就依赖于业务员如何判断对方的肢体语言。

如前所述，乙老板身体语言已经显现出排拒的征象，那么有两种可能：

第一，他对"这段"谈话没兴趣

假定是聊天，那他可能对这话题感到无趣。若你正在介绍产品，那就代表你谈的这个部分没有打动对方的心。

第二，他对"整个"谈话没兴趣

这就比较严重，但原因可能很多。也许今天乙老板的公司正在赶订单出货，他急着想回公司处理，心不在此；也许他今天就是比较疲惫，没心思去多听产品介绍。当然也可能他上周已买了其他公司产品，根本不准备下单。

当碰到第二种情况，聪明的业务员要知所进退，所谓"留得青山在，不怕没柴烧"。找个时机简单地将话题导引到"今天只是来初步认识，希望有机会日后再聊"，当然也不要忘了留下对方名片，最好直接请对方另约一天见面。而如果本来就是乙老板因为自己的私事而不想听下去，那他多多少少也会对业务员来访空手而回心存歉疚，基于补偿心理，下回再见面成交概率就会大幅提升。

但如果对方只是第一种状况，也就是他对你"这一段"谈话没兴趣，那聪明的业务员，也该知道别再饶舌了，先改变现阶段的谈话状况吧！最佳的转换法，就是说"对了"。举例如下：

甲和乙谈着谈着，见乙方的肢体语言不对。于是他改变谈话内容：

"对了，老板，上周政府公布新的环保政策，这对贵公司有没有影响呢？"

这时，乙老板眼睛一亮，这件事他正好有牢骚要发，就对甲大吐苦水一番。

然后，谈着谈着，甲业务员再顺势导入：

"对啊！这件事的确很困扰。其实，恰好我们公司的产品可以有助于贵公司面对这个难题……"

如此，就可以把话题再导入正面的阶段。

Chapter 3

成就沟通在于掌握心意转念

沟通基本定律 3

人是会变的，就算面对同一个人，沟通方式也要调整。

不论是在职场或其他商场竞争场合，想要跟一个人沟通，想要施加影响力在另一个人身上，要先知道以下重点：

1.想刺激一个人的心转念，因对象不同，动机及诱因不一样，施力的程度也不一样。

2.当"对方的心"转念的那一刻，你要能把握住，否则机会稍纵即逝。

最极端的状况下也能进行沟通

以下的状况，假如你是当事者之一，你如何让事情得到转圜余地。

● 某个钉子户，他是位老先生，无论建筑商或政府工作人员怎样劝说，都不愿意改变心意配合搬迁，面对挖土机也不怕，说不搬就不搬。

● 妻子抓到先生出轨，这已不是第一次，她已经心死，对这段感情不再留恋，铁了心要离婚。

● 自闭症的孩子，受到极大的惊吓，完全把自己封闭起来，怎么样诱导他都不讲话。但这孩子是某件命案的关键证人，警察要如何透过他找答案，同时避免伤害他？

上面所列三种状况，其实都不是单纯假设的案例，而是真有其事，有的还经常发生。这些案例共同的特点在于，传统的沟通方式都已经失效，基本上也都无法靠金钱利诱或暴力威胁等极端手段来达到目的。当遇到这样的状况时，解决方案是什么呢？

其实，就算靠特殊方法，好比说强制拆迁或以生命威胁让对方妥协，但如果一件事是违背对方心意达成，那就不是好的沟通，就算结果有改变，也通通列为不及格。

真正的高手，能"打动人心"。也因此，"读心提问"技巧非常重要，我们强调的是，让对方"自发性地"接受我们的提案。

以前述三个案例来说，世界上很少有状况是百分之百全然无法沟通的人，包括凶徒挟持人质负隅抵抗、商人负债千万妻离子散，万念俱灰准备跳楼……这类的极端状况，也都肯定有一个切入点。对每位读者来说，重点在于：

1.首先，我如何透过读心察觉可能的切入点？

2.接着，我如何透过提问打开这个切入点？

根据实际案例，前述那个钉子户，后来是靠着亲情攻势打动；软肋在于家人的爱以及对他的关怀。而案例二的那位妻子，她的先生洗心革面，且以行动做到即便离婚也继续日夜工作，并把钱都汇到她账户后，她终于选择原谅先生，两人再婚；其软肋在于内心深处，她依然在乎这个人。案例三的自闭症孩子，则在辅导人员长期陪伴照护以及关怀呵护中，无意间发现孩子释放压力的方法是绘画，透过绘画最终找到犯人；软肋在于找到孩子真正的兴趣以及他沟通的宣泄出口。至于那些挟持人质及劝阻跳楼的案子，也都有谈判专家出面，重点也都是在于抓住那个人的内心软肋，适时地切入，化解本来可能会很严重的状况。

以上谈了这么多极端的案例。想要告诉读者的是，如果说连碰到以上所列这些看起来很糟的状况，懂得沟通的人其实都还是有方法，透过适当地找到切入点进而改变说服另一方，让事态往正面去发展；那么在一般的生活中，我们的其他沟通，包括现代常见的业务销售瓶颈，或者亲子沟通问题等……也一定可以成功做到影响力的传递。

所以说：

● 这世上没有卖不出去的产品，只有不懂销售沟通的业务员。

● 这世上没有绝对固执的聆听者，只有不愿找方法的阐述者。

"沟通四前提"以及"三情"的概念

具体来说,我要如何让对方受我影响呢?

请注意,这里说的不是谈判,不是你退一步我让两步的概念,那属于谈判学的范畴。这里我们要强调的,是如何让我方的意图,正确传递且让对方心服口服地接受。

如同前面章节提过"卖梳子给和尚"的案例。很明显,在正常状态下,和尚是不会买梳子的,所以和尚后来会买梳子,有四个前提:

第一,他"转念"了。因为销售员说了什么,影响及推翻他原本的思维。

第二,销售员取得某种"情资",让他知道如何让和尚转念。

第三,销售员选择在"合适的情境"下让和尚转念。

第四,在和尚转念的当下,销售员懂得把握时机,乘胜追击,一步步地引导和尚做出符合销售原始目的的决策。

事实上,这四个前提,影响的三"情":情资、情境、情绪,正是世间所有销售或沟通说服的关键。

沟通三情之一:情资

再怎么口才一流的说客或演说家,也绝不可能在手中没有任何情报的情况下,去成功说服一个人。问题在于,这情资是否可以事先搜集。如果无法事先搜集,那关键就在于如何透过面对面提问取得情资。

以熟人互动来说，例如爸爸安抚哭泣的女儿、先生想和冷战中的妻子和解，这些都属于拥有足够情资的状况，毕竟，彼此是亲人，所以很了解另一半在乎的是什么事。

但以业务销售来说，通常是在"面对面那一刻"才开始接触对方，少数情况是业务员出门前可以上网查对方数据做点功课，大部分时候，在介绍产品前根本不了解对方的个性、兴趣、职场背景等。这时候，如何读心及如何透过提问获取情资就很重要。

沟通三情之二：情境

再以卖梳子给和尚为例，所谓的情境，有很大的运气成分，可能业务员来销售时，刚好和尚心情很好（或者相反地，正处在苦恼中），稍后我们会介绍到，有很多心情状态，是非常适合销售的。

以读心提问术来说，我们传授的重点，在于以下 4 点：

1. 如何分辨情境

因为人是善于伪装的，或者说基于社会化，脸上表情只是客套，不代表真正内心想法。

2. 如何善用情境

当确认情境有利于我，那就要善用情境。但如果情境不对，好比对方明显对谈话感到无趣，那我们就要做到第3点。

3. 如何转换情境

透过暂停现阶段话题，如同第二章所述，可以说一声"对了"转移焦点，等适当时刻再回归主题。或者，当情境实在很不对，当下不可能转换时，那就要懂得预留伏笔，下次再来。也就是第4点。

4. 如何退出情境

当然，退出不是永远退出，而是暂时退出，改天再来。

沟通三情之三：情绪

所有的成功销售，绝对跟情绪有关。具体来说，把一个原本心存排拒的陌生人，变成对产品有兴趣的客户，中间要做到的，就是让对方的情绪，由原本的冷漠、不感兴趣，转为热情、有意愿。

在双方交流中，情绪变化有两个阶段，第一阶段是本来的情绪。一个好的业务员或沟通者，要懂得审时度势，如同前一段说的看清情境，同时掌握在那个情境时对方的情绪，包含喜怒哀乐，等等。

第二阶段情绪，是创造出的情绪，可以透过提问及适当引导，让对方情绪转变。举例来说，说出打动对方的话，让他愉悦；或者相反地，讲出让对方害怕的话，例如若不注意健康，可能会患重病等。基本上，说服的力道不外乎两种，也就是呼应人心好恶的两种推力：追求快乐和逃离痛苦。

在接下来的章节，将介绍各种具体的方法。

Chapter 4

攸关沟通成功与否的微表情

沟通基本定律 4

人是情绪的动物，所以语言的沟通要搭配情绪的沟通。

当我们知道，任何情况都可以沟通、都可以做到说服、都可以做到用己意影响对方。那么重点在于如何找到适当的切入点。

前一章我们举了很极端的例子，包括钉子户、自闭孩子等，虽然案子看来棘手，但其实，这些案子都有很明显的判断优势，也就是大家"一眼就可以看出"对方的情绪，包括愤怒、包括悲伤、包括害怕等。因为处于极端情绪，所以后续沟通或谈判人员，只要抓住"情绪的转折"，例如原本害怕，但后来比较镇静愿意倾听，或者悲伤冷漠转为有点好奇，这些转折就足以让双方的沟通，有了切入点，进而让事情得到转圜。

反倒在现实生活中，人们遇到的问题是看不到"真正情绪"。也就是因为客套，或者对方刻意隐藏，而造成当双方见面时，一方看到的并非对方真正的情绪。

关于情绪如何判别，来自日本的清水建二老师，对这方面有深度的研究。

看出真正的表情很重要

这里先来认识"微表情"。

我们说话及做事的方式，经常是根据观察周遭他人的表情而决定，即所谓的"察言观色"。例如今天老板的情绪不太好，大家皮绷紧点，工作上要特别小心不要出错；或者妈妈今天心情好像不错，趁现在去跟她要零用钱一定没问题，诸如此类。

然而，只有情绪来到极端情况，我们才可以看得到真正的表情，好比说走在路上被突然窜出的狗吓到，或看电视剧看到爆笑的桥段，忍不住喷饭。多数的时候，我们的表情是不容易被看出来的，但双方谈话，特别是在做销售时，一定要掌握对方心情。怎么做呢？清水建二老师提出的微表情概念：

● 微表情，是指在仅仅 0.2 秒间，脸上露出无意识的表情。

● 微表情，是难以刻意装出来的，甚至连当事人自己都没察觉。也因此，微表情可以看出一个人的"真正"想法。

● 微表情是比较真实的。因为人可以说谎，但表情会透露实情，所以遇到话语跟表情似乎不一致的状况时，那应该以表情为主。

实务上，微表情显得更为重要，因为现实生活中，有太多因为"误判"而带来的沟通遗憾。常见的案例：

＊以为和客户相谈甚欢，结果客户其实根本没意愿合作。

＊面试时觉得主管对我印象很好，以为自己百分百会被录取，但最终却没收到录取通知。

＊提案时，老板听了好像挺满意的。但到头来，公司却完全没采纳我的提案。

以上所有的案例，都是最后的实际情况与"自以为的情况"截然不同。根本关键在于，面对面沟通时，对方的话语与表情，并非真正的"内心话"。如何读到真正内心话，赖于在谈话过程中留意对方的某些征象，如肢体语言以及微表情。

关于微表情的部分，以专业来说，会有许多的观察及应用，但这里我们只浅谈基本概念，在双方沟通时，有哪些基本的"微表情"注意事项。

掌握微表情，改变沟通情境

清水建二老师指出，科学家的研究发现，人们虽然有至少一万种的表情，但有七种是世界共通，可以展露情绪的微表情：

*快乐

*轻蔑

*厌恶

*愤怒

*悲伤

*害怕

*惊讶

这七种情绪的展现，除非是受过长期专业训练的谍报人员，或许可以做到完全"不动声色"，否则正常情况下，人们无法掩饰微表情的出现。

如同人们在游戏中下出一手好棋，那"刹那"一定会展露出欣喜快乐；无意间在茶水间听到同事造谣说自己坏话，那"刹那"一定会感受到愤怒。至于轻蔑更是经常有的情绪，我们总是在不同场合听到别人讲出我们不以为然的话，但我们大部分时候都装作不知道，继续做自己的事，只是脸上那"刹那"的轻蔑表情是藏不住的。

而当两人谈话，比如说正在销售一个商品，或者讨论到一个建议案时，懂得跳脱"表情迷障"，也就是看出对方现在表情后面的"真正意图"的人，就是可以影响最终结果的人。

具体来说，如同前一章介绍的，沟通有三情：情资、情境、情绪。能看出微表情的人，就可以掌握对方真正情绪，并进而判断。目前为止，我们可能赖以为谈话主轴的"情资"有误，必须做改变，让情境朝有利我方前进。

甲和客户介绍公司所销售的安全维护系统，谈话中，客户都很礼貌应对，但甲透过对方的微表情发现，其中隐含着轻蔑以及厌恶的情绪，于是甲立刻改变话题："其实讲到这，我也打个岔。说真的，明人不说暗话，我知道林厂长你本身资历丰富，对整个厂房的安全维护了解比任何人都多。这里冒昧地要请教厂长，你心目中认为哪一国的安全维护系统你比较认同？"

一开始林厂长还假装客套一下，后来还是忍不住侃侃而谈。果然，林厂长虽然表面笑笑的，但其实是对甲公司的系统标准"不以为然"，他个人比较偏爱欧规系统。还好有这样的交流，甲于是赶快解释：

"厂长，其实您有所不知，这些年整个安全维护市场已经有了新的改变。事实上，我们公司的系统顾问正是聘自德国的一流专家，我们的系统也经过德国认证。关于这部分，是我的疏失，刚刚没说明到，这里我再补充说明……"

　　就因为懂得判定微表情，甲适时改变情境，重新找到新的情资，改变了厂长的情绪，后来交易也顺利达成。

透过观察微表情，做出沟通应变

由于微表情是无意识的，一旦一个人心境上有任何想法，不管是愤怒或快乐，在当下都会展现。我们不一定非得是心理分析师或谈判专家，才能具有观察到微表情的能力。例如在一场关于销售的谈话中，双方一定会有"长时间"处在交谈的状态，如果时间长到可以充分观察，对方微表情的出现次数也一定很多，若这样的微表情出现频繁，就足以让谈话这一方"感觉怪怪的"。

重点在于，我们在谈话时，有没有养成一种习惯，就是"留心对方状况"。

以业务销售员来说，最常见的就是自顾自不断地讲话；或者，表面上好像愿意倾听客户说什么，其实心中早有定见，只等客户结束讲话，就急着发表自己的销售话术。当"心"不在对方，自然也不会留意对方的微表情。

其实，这已经无关销售技巧问题，而是业务员的基本心态。任何销售，或者任何的沟通，包括男女交往间的沟通，或亲子沟通都一样，重点在于是否愿意"将心比心"，真正关心对方想法，而非只关注着自己如何销售成功。

回到微表情的话题，当我们愿意"留心"，那肯定就会发现客户客套背后的真意。清水建二老师对于这方面的实务，也提出专业的建议：

● 当客户微表情出现愤怒

这就表示刚刚的说明，对方有所不满。这时候绝对不要再讲下去，反正再讲对方也没兴趣听。此时正确做法，要适时地表达歉意说："可能之前的介绍有些不清楚，请问可否容我针对哪方面再补充一下？"

● 当客户微表情出现惊讶

这可能是很重要的转折点，好比本来客户对产品其实不置可否，但你刚刚谈到的某个点，让他很讶异："原来这产品可以有助减肥？""原来这产品采用了云端科技？"对方可能心动但没讲出来，但微表情已经透露心情了。称职的业务员，一定懂得抓住这个时机点，针对让客户讶异的部分，加强力道进行说明，这也正是让客户最终愿意下单的切入点。

● 当客户微表情出现悲伤

以销售来说，可能对方的某方面已经被你的说词打动，但实务上，因为经费或其他原因，他仍倾向于不会购买，因此内心隐隐感到"可惜"，让微表情展现出极短暂的悲伤。但这时候适度地引导客户，谈到"既然喜欢该如何拥有"的话题，例如其实可以分期付款，或其实公司还有另一款价格比较亲民的，就可以重新吸引对方的兴趣。

以上主要是以销售为实例。但在任何的沟通场合中，包括客服人员在面对客人抱怨，以为说明很清楚了，但其实客人根本不明白，只是不好意思再问。或者男方约女方去吃西餐，女方表面上答应了，但微表情显露出负面情况，那男方就该知道，其实女方不那么想吃西餐，那就改为跟女方说："还是这样好不好，我觉得这回换你来选餐厅，我都听你的。"

专业的微表情知识，可以广泛用在包括案件调查、心理辅导等地。但对一般人来说，必须了解一个基本观念，就是"表象不代表真相"，沟通时要更花点心力去关注对方真正的情绪，才可以让后续沟通交流顺畅。

UNIT 2

沟通是影响力的艺术

读心提问初阶技术篇

Chapter5

让对方主动认同你的提问法

沟通基本定律5

即便你想影响一个人，但最好还是让他觉得是自己做的决定。

基本上，人跟人间相处一定是互相影响的。举个最简单的例子，男孩跟女孩假日去郊游，一是男孩跟着女孩，二是女孩跟着男孩，更或者，男孩跟女孩经过讨论，决定有些事听男孩的，有些事听女孩的，有些事则采双方折中方案。如果谁都不能影响谁，谁都不听对方的，那就是男孩跟女孩各走各的，那就没有所谓的交流了。

谈起影响力，有各种形式，从最深层（但也肯定最有争议）的：透过催眠操控；到最一般的：某人提出一个提案，另一方不置可否，就跟着做，这都是影响力的展现。

通常进行沟通时，不论是要销售产品，或者说服对方采纳自己的提案，一定都是想要施加影响力给对方。本章就来一一介绍各种透过提问产生影响力的方法。

答案就在问题里

先来介绍一个日常生活中，人们也经常使用的问句影响法，叫作"植入问句法"。也就是提问者已经"预设一个答案"，只是透过问句，让对方采纳，举例如下：

如果男孩问女孩："肚子好饿，中午该去哪里吃饭？"

那么之后可能陷入无止境讨论的情境，可能要讨论个十多分钟才能做决定。

但如果男孩问女孩："肚子好饿，我们学校附近最近新开一家快餐店，有新开幕特价，我们去吃吃看好吗？"

那很快就能取得共识去吃饭。或者至少女孩也可以提出其他方案，总之讨论的时间会变短。

这类的问话，就是"答案已经放在问句"里，通常是一方希望另一方照着自己的思路思考的问法。

例如当你问同学："你觉得陈教授教学方式怎么样？"

这是开放性提问法，但当你这样问时，同学不知道你的背后的意图，也不想因提出的意见跟你不同而还要争辩，可能就会不置可否，会说没意见。

但当你问同学："陈教授上课讲话风趣又懂得用比喻，你觉得他的教学方式怎么样？"

那同学自然知道你是偏向赞美陈教授，也会跟着附和你的意见。

这只是一般朋友交流的状况，但若是在销售时采用这种方式，就可以对客户产生一定程度影响。

业务员："李先生，刚刚介绍了关于我们公司产品的特色，也提供你产品手册做参考了，你现在意下如何？"

客户（摸摸头，出现困惑的表情）："谢谢你的介绍，我会把数据带回去参考。"

于是双方结束谈话，这笔生意后来也就没谈成。

但若改用植入问句法：

业务员："李先生，感恩您耐心听我的说明。那么，关于刚刚介绍的我们的新机款，既符合最新的大数据观念，能够多任务作业，又能有效帮您处理庞杂信息，并且又有三年保固及二十四小时客服。这样的产品，您这边还有什么要补充说明的吗？"

客户："没有，这产品我觉得真的不错。"

业务员："感谢您的认同，我们的运送还可以配合您的需要，不论送公司或家里都可以，您希望刷卡还是付现呢？"

当然，这种问话主要适用在客户原本就对这产品满意度还不错，或者处在中立状态，透过正确的问句，就可以"推一把"，顺势让客户进入成交状态。若是客户对产品不满意，那就还需要更多的沟通，采取其他提问法。后面章节将会陆续介绍。

用假设取代意象

我们的天性，对于外界会有防备。如果对方施予压力，要我们立刻作答，立刻做决定，那反而会起反作用，让我们不做决定。

在销售商品或者谈合作提案时，如果我们让对方一直处在要马上做决定的状态，对方会因为害怕做错决定，进而产生迟疑。这个时候，如果让对方感觉到"不要担心，你不需要为这个决定感到压力"，就可以让对方产生松懈。

针对这样的心理，可以采用一种常见的提问法，就是"如果提问法"。顾名思义，进行问话的时候，要用"如果"开头。那是因为当我们说"如果"，就代表"没有立刻的压力"，大脑会想着"这只是假设状况"，就会卸下心防。这特别适用在探询对方意象，或者警方办案要让证人吐露真言时。

这边举一个真实的案例，美国有位企业家涉嫌殴打老婆，被检察官以伤害罪起诉，但他自始至终采取"否定"诀，反正警方或法官问话，他一律否定到底，只要没具体证据，他就不能被定罪。

这时有位律师很聪明，他问那位企业家有没有殴打老婆，企业家说："要我再说一百遍也一样，我没有打老婆，有本事，你们拿出证据来。"律师接着说："我知道你没打老婆，但我是想问，如果有某种情况你被逼着打老婆，那会是什么情况呢？"

"你是说如果吗？"企业家问。

接着他忍不住就说："有时候她就是讲话很难听，不教训一下不行。"

律师又问："如果你老婆有一天发生这种情况，通常会是怎样的情境下惹怒你呢？"

在一个又一个"如果"下，忍耐多时的企业家不禁一股脑儿倾泻他对老婆的不满，讲到后来他终于承认："是的，我打她了，但一切都是她自找的。"

用假设的方式，可以在谈话时让对方卸下心防。这招"如果提问法"自然也非常适用在销售上。

业务员："这位先生，你对我们哪种车款感到有兴趣呢？"

客户："没有，只是逛逛。"

业务员："我知道你只是逛逛，但如果有机会让你选一辆车，你会选哪一辆呢？我们纯粹聊聊天。"

客户："我有两个小孩，如果我有机会买车，我会考虑买方便一家人出游的那种休旅车。"

业务员："如果带着家人小孩开车徜徉在好山好水，那画面一定很美。如果你买车，你会喜欢哪种颜色？具备怎样的功能才会买呢？"

聊着聊着，在"如果"的前提下，客户一一把自己的内心话倾吐出来；最终，他终于被说服正式看车，后来也下订买了一辆休旅车。

人脑很难抗拒"如果"的力量，这点在进行销售沟通时，会派得上用场。

搭配情境画面的销售

接续以上的销售情境，其实，许多时候，人们本来不需要一个东西，但经过刺激后，就会被创造出某种需求。所谓的电视广告，不就常常扮演这种影响力源头吗？我们本来不需要买扫地机器人，但电视画面营造出一台操作方便、应用了高科技的机器，并且暗示着美满现代的家庭一定要拥有一台，甚至还暗示，一个疼老婆的先生就该为妻子买一台。一天、两天，每天电视不间断地播出，后来趁大卖场有特惠活动，这家人就真的去买了一台扫地机器人。

情境很重要，所谓情境，就是可以想象出那种画面。

举例来说，业务员销售汽车给客户，除了采用"如果提问法"，逐一导引客户说出他的内心需求外，在取得这项"情资"后，业务员要适时地营造一个画面：

"李先生，我觉得你真的是现代成功者的典范，有事业又有美满家庭。想象一下，假日时候，带着你那双可爱的儿女，开车行经阳明山公路，一路风景如画，你妻子优雅地开窗让微风轻拂发梢。到了大草原，从车后座取出野餐盒，一家其乐融融地在山水间谈笑聚餐，所谓幸福，不就是您这样的典型吗？"

如同前面说过的，答案就在问句里。

当业务员营造这样的情境，并且问客户，不就是这样的典型吗？客户当然不会否认，因为你帮他创造的美好画面，都是他想要的。

想象力真的很强大，但重点是，要让客户自己说服自己。你口沫横飞地跟他强调这车子功能多好，可以方便假日出游。还不如设法透过问句，引导客户自己去融入那个情境。到最后，他的大脑还会说服自己，我"本来"就想要这样一辆车，因为我"本来"就想带给家人这么美好的生活。

所以，一个标准的问法，结合"如果提问法"，接续着"想象一下，×××的状态，是你喜欢的吗？"就能让销售的成功率大幅提升。

当然，这也包括员工和老板进行简报的情况：

"老板，请想象一下，当我们采用这套营销模式，网络社群就会跟着讨论这话题，然后媒体接着就报道我们公司，经销商也急着和我们下单的景象，这不正是我们业绩提升的关键吗？"

男孩和女孩约会：

"小美，想象一下，如果能在午夜时候看到流星雨，同时欣赏山下绝美的夜景，这种百年一见的场景，不正是你梦寐以求的梦幻时刻吗？"

其他像是亲子间沟通、安慰伤心难过的朋友等……透过适当的想象力营造结合提问法，都可以获致你想要的对方承诺。

Chapter 6

让交流顺畅的问句法

沟通基本定律6

往往从说出口的第一句话，就可以大致预测沟通结果。

同样一个问句，一说出口，就要达到一定的效果。因为两人的相处，是一种影响力的传递，如果一开始就让双方"卡住"，或者频率对接不顺畅，那就好比双方用手机通话，却不时有滋滋滋的杂音干扰般，那样是很难达成沟通的。

因此，如何让问话一出口就达到你想要的结果，问话方式很重要。好比说，你明明想要让对话顺畅下去，但你一开口问的却是句点式问句，那就很难进行下去了。如以下案例：

男孩想约女孩去看电影，结果男孩鼓起勇气开口问的是："小美，今晚看电影好吗？"女孩其实不讨厌这男孩，但一下子就答应看电影似乎太快了，然而男孩的问话，只能让她回答"好或不好"，她只好回答"不好"。最终男孩垂头丧气地离开，女孩心情也变得不好。

这就是"句点式问句": 也就是一个问句只会带来谈话结束的问法。到底怎样善用我们的问句表达呢?

不要让话题轻易结束的提问法

所谓问句，没有一定的对或错，端看你所处的情境为何。

好比说，双方谈判多时都没有结果，一方决定不要再歹戏拖棚，于是直接采取"句点式问句"。

"好吧！李董，到底贵公司要不要采购这套系统？现在请给我一个明确答复。"

而以一般商业交易来看，也是多种问法交叉并用。若以粗略来分，问句会有封闭型以及开放型两大类。

像前述这种，请对方在有限的答案中选一个，就是"封闭式问句"，包括"要不要？""好不好？""可不可以？"都是这类问句。如果销售还在沟通阶段，就采用这类问句，那就被称为"必死式问句"。因为当你这样问的时候，客户被逼得只能回答"要或不要"，除非有绝对的把握，否则当客户回答"不要"，那业务员接着该说什么呢？硬要重启话题，也显得不自然，双方的沟通也尴尬起来。因此，封闭式问句通常只用在沟通最后阶段，并且希望一用就达阵。

封闭式问句，大略上有两种，前述讲的"是非题式问句"，就是二选一。

另一种封闭式问句，就是"选择题式问句"，好比说："小美，等一下我们去看电影，你觉得要看恐怖片、喜剧片还是动作片？"

当然，这样的问句一方面虽然可以导引对方的思维框在设定好的选项上，但前提是前面已经谈到一定的程度，只是对方处在一种犹疑的状态，因此必须透过封闭式问句，最后推他一把。

最常见在销售时，采取"封闭式问句法"，就是在前面已经和客户进行很多说明，也判定对方内心取向是偏向想购买时，趁着他仍三心二意有可能会反悔时，实时问他："先生，对你来说，货品送府上比较方便，还是今天就直接带走？""付款方式是刷卡还是付现？"

但若情境未定，就必须多用开放式问句。所谓情境未定，如何判别呢？主要必须透过读心术，我们可以从对方的微表情或肢体动作，判别出是否展现仍有质疑、有困扰，甚至有不满的状况：

● 当对方处于质疑状况

可采取上一章讲的"如果问句法"，这也是一种标准的开放式问句，也就是说，是让客户自己来阐述他对产品的想法。业务员再适时搭配他的描述，介绍自家的产品。

● 当对方处在困扰状况

要适时判定，对方是在哪个环节感到困扰？是对这产品的功能操作对这产品的安全疑虑还是对价格及付款的担忧，这时候也是适合结合开放式问句："这位先生，关于我们的产品，你有什么问题，都尽量说，我一定知无不言，回答直到您满意为止。"

● 当对方处在不满的状况

有可能是产品说明不清楚，或者他觉得你根本就没抓到他的需求。这表示，业务员没有充分掌握到客户的情资，这时候更要善用"开放式问句"，设法导引客户讲话，让情资更充足，再来进行销售引导。

让问句更有力道的方法

每一个问题，都有一个力道。

例如"小美，你今晚想去看《复仇者联盟 4 》这部电影吗？"这只是平铺直叙的问句，没什么力道。但如果换个说法："小美，有一部讨论度超高，近来很多人都看过颇获好评的电影《复仇者联盟 4 》，你想去看吗？"这个问句，就加了力道。也就是在问句导入"众人的力量"，多数人的心中多少都有些从众心态，也就是"大家都这样做了，那我也应该去做"。

这样的问句法，也很适合用在商业销售上。像是，"李先生，这款就是一般成功企业家都会至少配备一支的最新型商务机，你要不要参考看看？"

另一种加强力道的方法，就是结合权威。影响力上的权威，包括名人也包括媒体，例如：

"黄小姐，你的眼光真好，你刚看的这款正好是被欧洲媒体评鉴为优良设计的样式。你要不要拿起来参考看看让我进一步为你解说。"

"这位同学，你的身材很好耶，我觉得这件由日本时尚名模代言，穿在身上的款式，非常适合你。要不要我帮你试穿看看？"

以上这些对话，若少了权威的力道，就只是一般的封闭式问句。但加了权威影响力，问句就变得不一样，甚至问句本身其实就在暗示对方购买，潜台词就是"你若不买，那你就否定了前面那些对你的恭维。"

当然，所有的问句都要适切，不要夸张，可以赞美但要适可而止，太多的夸饰反倒变成虚假，让原本的问句失去真诚。好比说：

"张先生，这是台湾首富也在戴的眼镜，可以展现霸气。你很适合这个款式，要不要买一副试试？"或"在日本，每个贵妇都指名要这个品牌，可以让皮肤展现神奇的年轻感，这位小姐，你要不要试试？"

当引介的用语，牵涉到极端的字眼如："最大""最好""最多人采用""最受好评"等，如果没有搭配合理的数据，如某某杂志报道等，那就容易感觉是信口开河。这样的问句，反倒听来只是强迫推销的话术。

分析谈话是否该继续下去

当我们在与人沟通的时候，通常要达到一个目的。除非是纯聊天，否则一定希望：第一，最好对方很快就赞同我的提案；第二，双方继续聊下去，这中间总有切入点，让我最终推出我的提案。以这样的角度，谈话中就要避免"句点式问句"，像本章一开头，男孩追女孩，一句话"要不要看电影？"对方回答"不要"，那就没戏唱了。

一个比较好的问法，是采取"用问题来问问题"。

以前面男孩女孩为例。假如这男孩是呆头鹅，问出一个笨笨的句点式问句，但这女孩有心想挽回，于是反问男孩："你为什么会想看电影？"

这时候男孩也开悟了，他知道若单纯回答他为何想看电影，又会变成"封闭情况"，总不能女孩一直问，男孩一直答吧！这样女孩也会觉得自讨没趣。于是男孩先回答："因为这部电影听说很不错，而我希望邀你一起去。对了，如果不看电影的话，小美，你平常晚上喜欢做些什么呢？"

透过问话，就可以形成一种开放性的交谈环境。这样双方就可以交流下去。但这同时也可以作为一种测试，当两个不熟的人在一起，好比男孩不知道女孩是否对自己有好感，于是在这样的对话进行中，假如女孩根本对男孩没好感，那就顶多前面客套几句，后面会主动采取"封闭式交流法"，只回答而不回问问题，甚至回答也短短的，那男孩就该知道，女孩对跟他谈话没兴趣。

其实谈到提问与读心，两者是彼此交错应用的。

以销售的情境来说，销售是一种使命，业务员要设法达成使命，他会透过读心了解对方，适时搭配好的提问。

但若以男女间交往来说，感情是不能勉强的，但常见的情况是，两人本来就是熟人（如同班同学），交谈不能像对待陌生客户一般说不就走；于是不免有时心境上并不想要继续聊，可是为了礼貌仍需维持交谈。这时候善用读心术就很重要，当发现已经在打扰对方了，就不要再使用什么提问术了。适时地切断话题，或者来句最终的"句点式问句"。

"你晚上有兴趣陪我逛街吗？"

"没有。"

"好，谢谢你今晚和我聊天，晚安，改天见。"

对方今天没兴趣陪你，可能因为你们双方感情基础仍不够，不代表之后没有更进一步发展的可能。此时可以先建立好自己的好形象，比起纠缠着对方，当然影响力更大。

Chapter 7

为客户创造需求的提问法

沟通基本定律7

任何的沟通，最终其实都以"安对方的心"为目的。

　　如果这世上每件事都有标准答案及标准做法，那很多商业行为就无法发生，好比说在一个乌托邦社会中，每个人出生后都被分配好学习进程及工作岗位，生活中的所有物资也都是统一供应。那就不会有销售行为，也不太会有所谓的沟通。

　　有人说，广告及业务员是现代社会的痛苦根源。如果没有这些广告创造出种种商品信息，平凡的百姓就不会做不切实际的梦，如果没有业务员去推销产品，让很多人去买那些原本压根没想到要买的东西，就不会带给世人欲求不满的痛苦。

　　然而不可否认地，人生之所以丰富多彩，也要归功这许许多多日新月异的商品。新的需求虽带来新的支出，让每月得更认真赚钱才能付信用卡费，但多彩多姿的人生不也更加灿烂。

　　无论如何，这章让我们继续来谈销售与沟通，本章将聚焦于如何创造需求。

创造需求前会碰到的七个问题

以一个正常人的认知流程，就像每个小孩都活在自己的小圈子里，当妈妈给他一个积木盒，他可以玩一个下午。然后哪天小孩看到邻居有个玩具车，于是他吵着要玩具车；哪个表哥来家里玩，要是手上拿着掌上型电玩，于是小孩也吵着要买一台电玩。

但如果根本就不知道有掌上型电玩这回事，小孩就不会吵着要玩。大人也是如此，原本的日子就过得好好的，为何要让我掏腰包买额外的东西呢？

然而，在现代社会，几乎每个人的工作，都脱离不了销售，你总要设法让某个对方根本不需要的东西，被对方接受了，当一手交钱一手交货后，才能维持生计。

于是我们必须思考，如何透过问句来"创造需求"。

正常来说，销售最好的方法，是消费者主动问。好比前面那个小孩，他主动吵着跟爸妈要买掌上型电玩，最终父母拗不过小孩的哭闹，走进店家购买商品。这个阶段，店家业务员完全不需要沟通，但后续若想借力使力，让家长买更多商品，才需要使用业务话术。

然而多数时，一般人碰到的还是必须进行"主动式销售"的情况，而且对象多半是陌生人或不熟的人。这时候，他要突破的难关，就是如何"从无到有"让对方接受自己的想法，进而产生消费行为。

关于销售，其实我们可以试着以角色替换法，问自己一个问题，也就是说"如果我自己是消费者，当有业务员来找我介绍产品，我会抱持什么态度？"

专家研究，业务销售与客户间，初始横亘着七个问题：

- 你是谁？

- 为什么要听你说？

- 你说的对我有什么好处？

- 你说的是真的吗？

- 跟竞争者的差别是什么？

- 如何处理异议问题？

- 为什么要现在立刻下决定？

虽然这里谈的是销售，但以上问题也适用在所有沟通的状况里；任何的沟通，严格来说都是一种销售。当然，也许夫妻间沟通，会跳过"你是谁"的阶段，但同样会问"为什么要听你说？"

毕竟，所谓人与人相处，不是我影响你，就是你影响我。而大多时候，影响力不能传达，并非因为你的产品不好，或你的建议案不好。很可能是因对方所处的情境不对，他可能根本连听都不想听。扣除掉对方有急事待办，或身体不舒服这类的特殊状况。一般的沟通或销售行为，特别是要传达一个新观念新产品给对方时，要做到两个步骤：

1. 勾心勾魂

2. 等对方完全受吸引后，再来传递影响力

怎么做到呢？答案就是透过"提问法"。但在问客户前，其实要先问你自己。以下介绍"勾心勾魂"的准备功。

对客户提问前，先对自己提问

任何情况下，特别是业务员要对消费者推荐新产品时，绝不要单凭一股热情，或者只是靠着那句经常听到的"不要害怕拒绝"，以为单靠诚意就可达成销售。热情可以为自己的形象加分，却不代表客户一定会被你勾起兴趣。

业务员在出门前，应该先问自己一个问题，试着问自己"如果我是消费者，我为何要买这个产品？"如果准备得更充分，甚至应该针对前面提到的七个问题，都列举问题问自己："我为何要跟你买？""你们家产品比起其他品牌有什么优势？"每个问题的答案，至少想出十个，若有可能最好列出五十个以上。如同《孙子兵法》有云："夫未战而庙算胜者，得算多也。"

当一个人经常站在消费者角度问自己问题，问到后来自己都能对答如流了，那么出去拜访客户就会更加流畅。试想，当客户问你一句："为何这个造型这样设计？"你就愣在那里；客户再问你一句："这产品有没有取得欧规认证？"你又说要回去问主管看看，那这样怎么可能做出业绩呢？

因此问句销售问法，在应用到客户前，要先应用在自己身上。

其实，包括在其他情境，好比说你在公司里争取为自己加薪也是一样。你要先角色替换，想想若你是老板，为何要帮眼前这个员工加薪。同样地，你要想出至少十个答案。好比说，帮你加薪，因为你一个人可以带来两个人以上的业绩等。

另外，当心中已经预演了问与答，也可以实际向对方提出问题。例子如下：

甲去应聘一个他很想加入的企业。事先他也做了功课，问自己十大问题，然后找出自己的优点。

第二天在面试场合上，他面试到一个阶段，反向提问，刚好面试者就是老板本人，他就问："尊敬的董事长，你希望你的企业有一个人，可以主动关心时事，然后将新观念导入产品吗？"

董事长说："是。"甲再问："如果这个人同时懂英、日两种语言，那是不是对你的市场拓展更有帮助？"

董事长又说："是。"

然后，甲又问："董事长，如果这个人很具备团队精神，从在学校时就透过参与社团培养领导力及组织力，那应该是企业需要的人才吧？"

董事长又说："是。"

最终，甲顺着董事长的意向，直接毛遂自荐："报告董事长，我正符合刚刚说的那些条件，所以公司应该录取我。"

当然，甲被录取了。这么会运用提问术的人，当然要录取了！

先勾心再安心

延续前面的例子，读者有没有发现，董事长其实没有讲什么话，因为话题被甲主导了，他只回答了三次"是"。

这也是销售沟通上一个重要法则，叫作可以透过问句，设法让对方回答三次以上的3Yes心法，也就是说，若你可以透过问句，设法让对方回答三次以上的"Yes"，那成交率就大增。

这也是一种结合心理学的沟通法则。我们大脑的习惯是：当你对一件事感到肯定，并且是连续的肯定，那就会对某个议题感到认同。任何时刻，当我们想要把某个产品或观念推介给某人，要先针对对方已知的事情，找到至少三个切入点，取得对方认同。

我们在推销游轮旅游方案，但这是一种对方过往没尝试过的旅游模式。假定业务员想要推介这套方案，他可以问对方："这位先生，你很热爱旅游对不对？"

对方点头说："对。"

业务员继续说："你也希望可以带着家人一起出门，可以体验美好的假期对不对？"

对方继续点头说："对。"

业务员："如果花同样的钱出国，你当然希望感受以前没体验过的对不对？"

对方当然继续点头："对。"

业务员："所以，你一定会喜欢这个游轮之旅方案，现在特惠，家人同行第二人还打六折！"

由于是站在过往的基础上，找出优点让客户认同，然后再导入新产品。这里带给客户的逻辑思维就是：你喜欢 A，你喜欢 B，也喜欢 C，所以你一定也会喜欢符合 ABC 条件的这个 D 产品。

这样的提问沟通法，也可以用在说服女孩陪男孩看电影，或让公司认同自己的提案上。只要透过问句设法让对方连续至少三次对你的话感到认可，就有可能让他们依照这样的"惯性"，继续支持你接下来的建议。不论那是看场电影，或是帮你加薪，都一样适用。

而谈到如何让客户，被你的说词导入"认可"的状态，最后还可以辅以"安心法"。

也就是前面我们先设法用问句"勾心"，例如问对方"你也喜欢旅行对不对？"

等经过几次导引后，最后的安心法，就是跟对方说"听完我以下的信息，你觉得有兴趣再买"，或者"我做简报请您参考，但请放心，只有当您觉得真的对您有帮助的时候，再合作。没帮助，就当作信息吸收就好。"

这样的话，会让原本一心想着"反正你就是要推销我东西"的客人，感到可以放下防备心。等到对方被你勾心又感到安心，之后再来推介你的产品或观念，就更容易成功。

Chapter 8

顺应大脑本能的提问法

沟通基本定律8

习惯真的是很可怕的力量，特别是沟通时更看得出来。

说起来，人类虽然都已经可以登陆月球，也探索了地球上的几乎每个角落。但其实有一个离"自己"最近的地方，却至今还有太多的未知。关于我们的脑部各区位的功能、关于脑与灵魂的关系、关于思维的整体运作模式，等等，其实都还有很多待开发的部分。

但以发挥影响力的角度来看，我们发现有些人脑的特质，对我们的沟通很有帮助。

如同前面举过的例子，如3Yes法则、"答案就在问题里"等等，只要抓住人类思维的模式就有助于业务推广。这里再举个例子，大家是否发现，影响一个人的基本方法，就是"问问题"，没有例外的。就好比当路人跟你问路，你的思维就聚焦在"路"上；当小孩子问你想小便怎么办，你就会聚焦如何带他去小便这件事上。

本章，将结合大脑的思维习惯，介绍相关的提问法。

搭否定的便车，达到肯定的效果

许多读者一定都听过《秘密》（*The Secret*）这本书，书中有提到"向宇宙下订单"的观念，并且还强调，宇宙只接受"正面"的想法。好比说，你想要变有钱，就直接说你想变有钱，而不要说"我不想要变贫穷"，因为宇宙的订单，只接受到"贫穷"两个字；同理，你要强烈宣示你要成功，而不要问"怎样避免失败"。

对于是否可以对宇宙下订单这件事，不属于本书范畴。但可以肯定的是，我们大脑本身的运作，也有这种"只接受正面"的趋势。但请注意，这里指的正面，不是类似成功、发财、胜利这样的正面意义，而是指在记忆认知上，会偏向忽略"否定"的字眼。

举例来说，大家都知道，你若跟小孩子说，禁止你做什么事，或跟青少年说，你不可以去做什么事，不可以打开哪个门，结果效果往往适得其反。你越禁止，他越好奇，越想去。对成年人来说也是如此。

假定你今天跟我说："请你不要想象你正开着一辆红色的法拉利，不要想象自己正驱车前往海边，不要想象车上坐着一个金发美女。"

越是这样说："你不要……"，反倒对方脑海更清晰浮现开着法拉利载着金发美女去海边的画面。

这其实就是所谓的潜意识引导。潜意识引导可以应用在销售场合，例如前一章提过，为了让客户安心，我可以故意说："你可以不要买我的产品，只要听听作为参考就好。"

应用上，可以搭配两句开头话语："你没有必要"以及"你真的不应该"，最后再加上"好吗？"例如：

"如果你想变得更有说服力，可以去上各种课程，但你没有必要一定要参加我的课程，我讲的仅供参考，好吗？

"想要快速成功并拥有财富，有赖恒心毅力及适当的专业培训，但你没必要一定要加入我们的培训系统，我不会强迫你加入，好吗？"

结果每个"没有必要"，传达到大脑记下的都只剩下后半部，也就是"一定要参加我的课程""一定要加入我们的培训系统"。再举另一个例子：

"如果你觉得人生在世，赚钱够用就好，不需要赚很多的钱，那你真的不应该来听我的课，好吗？

"如果你不想让自己变得更好，每个人有自己的自由，你想过从前的生活，那你真的就不需要我们的辅导，好吗？"

也是同样的道理，当时间过去，人们总忘掉"你真的不应该"，只记住"来听我的课"以及"需要我们的辅导"。

这就是一种结合潜意识销售，"化否定为肯定"的提问影响法。

提问要结合人的本能反应

尽管经过几十万年的演化，人类的许多基础本能却都还是一样的。史前时代人们面对野兽的因应方式，跟到了二十一世纪，人与人间交流时被问话时的反应，其实是一样的。

这也是大脑令人们感到有趣的地方。

身为万兽万物中的一支，人类每天最原始本能，如同其他生物一般，都是求"保命"。从那个时代开始，人类的身体器官，特别是大脑，就设计来因应危险状况。

想象史前时代某个原始祖先，他在林子里觅食，猛然发现前面出现一头剑齿虎。那他的本能反应，一开始是被吓到静止不动，接着快速观察附近有没有可以躲避的地方，能躲就躲，到最后逃不了了，就只好选择抵抗。

到了现代，人与人沟通也仍是如此，假定夫妻对话如下：

忽然间妻子说："我昨天看到了你跟一个女子亲密地走在一起。那个人是谁？"

被这样突袭，做先生的第一个反应就是愣住，他完全没料到妻子会讲这件事。

接着就是开始否定："哎呀！你是不是看错了？我怎么会跟其他女子在一起。"

但妻子十分肯定她昨天就是看到了，这时候先生就开始辩解："没有啦，可能只是走在路上巧遇以前同学所以一起聊天吧？那没什么事啦，你干嘛怀疑我？没必要没事兴波澜，这一切只是误会……"

这一套"静止、逃跑、反抗"的反应模式，若结合提问法，可以在不同领域带来一定的效果。

例如警方侦讯嫌疑犯，一开始先闲聊家常，昨天你有没有去哪啊？平常下午都在哪溜达啊？有没有听到人家说这个死者的坏话……用这种平和的语气聊啊聊的，忽然间，警官用很严肃的口吻拉住嫌疑犯："说！有个行车纪录器拍到你昨天下午出现在案发现场附近，人是不是你杀的？"

这突然的举动让嫌疑犯愣住了，接着他就不断辩解，但因为事出突然，他变得语无伦次，而透过肢体语言，警官一眼就看出，这人明明在说谎，也因此对他展开进一步调查，最终确认凶手就是他。

透过"突袭式"问话，进而观察对方反应，最常见的场合，是在面试的时候。面试官亲切地问着面试人员问题，忽然间，单刀直入问对方："请问你为何换工作那么频繁，是不是你抗压性很低？"这样的问句往往会让被面试者不知所措，于是会开始讲一些辩解的话，最后甚至有些不知所云。而如果过往的确是自己态度不佳，所以老是换工作，这样的人在面试时，也因为在强做辩解时，全身肢体语言都在显示他的毛躁、不诚实，让面试官一眼就看出这人不能用。

如此，透过提问法，结合大脑几十万年来的反应习惯，就可以让对方现出原形。

如何反击"突袭式问句"

有攻就有守。

当然，如果我们预先知道对方会问我们什么，心里已做了预防，那就不算突袭式问句。一个善于提问的人，同时也善于因应各类的"被提问"，甚至还可以用"提问法"来反击回去。

一般会直接施以"突袭式提问"的人，通常是处在强势的一方，以高权威来压迫另一方"吐实"。在商场上，如果业务员对客人施用突袭法，好比说"老实告诉我，你是不是根本没钱买？"当这样问的时候，其实就代表业务员已经手法用尽，基本上已经放弃这个客人了。而最后出这一招，幸运的话，客人会说："哪有，我哪会没钱买，我只是考虑得比较周全而已。"最糟的情况，就是直接商谈破局，不欢而散。

当你处在被施以"突袭式问话"的一方，好比说，你昨天跟一个女子吃中饭，不巧被你妻子发现了，她现在突然质问你，为何跟另一个女子吃饭？

正常的应对法，这其实也是一般异议处理法的一环，第一步骤就是先认同。

妻子问："你是不是跟另一位女子吃饭？"

一般人本能的反应是"否认"，但你不否认，反倒说："对啊，我就是因为爱你，所以昨天跟另一个女子吃饭。"

当你这样回答，肯定让原本采取"突袭式问句"的妻子愣在那里。

这时候你再慢慢解释："其实昨天跟我吃饭的是一个客户，她本业是做精品的，我其实是跟她讨论结婚周年庆我该挑什么珠宝饰品好，这件事原本我想给你个惊喜，但既然你有误解，我现在就跟你解释。"

实际上，是否真的如此？你是否真的在为结婚周年庆准备？答案不一定。但至少透过认同法，先赞同对方，让对方处在错愕中，这时候再冷静下来，快速想出因应的答案，就比较容易成功。

而另一种反击法，或者说，面对突袭的因应法，叫作"仙人掌法"，亦即"当别人想触碰你，结果反倒被刺回去"。就举前面面试官的例子：

面试官突然问你："陈先生，你是否抗压性不够？否则为何过去两年就换了三个工作？"

你第一句话，当然是用认同法，冷静地回答："是的，如同你所看到的，我两年内换了三个工作。"

接着话锋一转，你可以反问面试官一个问题："尊敬的领导，您也了解，这些年来大环境景气不好吧？而越是这样的时候，越是看得出一家企业经营的体质。我身为一家之主，为了家庭长远之计，我当然也要找到一个可以长久安身立命的公司，这点领导您也认同吧？但同时，所谓一家公司体质好不好，当然也不是靠面试就可以知道，因此难免实际工作后，会发现这里不是久待之地，这样的思维应该也不为过吧？我是个人才，因此我衷心地想找一家体质优良的企业，作为我将能力奉献终身的场域。我相信，这家企业，正是我可以安身立命的地方，领导您说是吧？"

这样的反问法，同时结合3Yes原则，一方面响应了为何会经常离职，一方面也透过信念加强，让面试官不得不认同你。当然，有一个风险就是，当被这样反击时，也许面试官会感到不高兴，但再怎样也比起一个人在那边自我辩解带给人的印象要好。

读者，你说是吗？（是的，这里，我们又用了一次问句。）

UNIT 3

谈话谈到心坎里

读心提问人际管理篇

Chapter9

影响对方，也要适时让他当主角

沟通基本定律9

只要设定的结果可以达到，是不是当主角不重要。

人与人相处，不是你影响我，就是我影响你。

许多时候，我们必须去影响一个人，事情才能有好发展。好比说，自己的小孩观念偏差，你就一定要去开导，透过话语正确影响引导孩子；老板带领员工打拼，也一定要激励士气，设法让团队战力被带起来。

然而，如同一句俗语："你可以把牛牵到河边，但牛就是不喝水。"我们无法单凭命令就影响一个人，透过威权最多可以让对方表面遵从，实际上若"心"没跟上，最终还是没效。

本章，就来分享几个透过让对方当主角，做出决定的提问实务应用。

以正面字眼来提问

在第五章我们曾提过"答案就在问题"里，这里再将这个原则应用在生活及职场领域。

一个基本的原则，对方的脑袋会被我们的问题所牵引。所以若想要导引对方往我们预期的方向走，那么在我们提问时，就要选对问句的用语。

以办公室为例，假设我是一个企业部门的主管，团队里有两个员工经常出状况，一个是没有时间概念，上班迟到不说，有时候和客户约见面也晚到；另一个则是比较情绪化，每次拜访客户碰壁就闷闷不乐好久。

通常主管训诫员工的方式，就是责骂、警告、质问。可能针对爱迟到的员工，就会问："你为什么会迟到？"可想而知，因为主管问的是"迟到的理由"，员工脑海就被聚焦在"迟到"这件事上，也就是他会被导引将专注力放在"找借口"上。结果越被质问，员工反倒越理直气壮地迟到，因为他总有种种的借口。

正确的提问法，应该是问他："要怎样才能让自己准时？"于是，员工就会去思考解决方法，包括设多个闹钟、提前十分钟出门、明天的简报今晚先准备，等等。

同理，针对那个经常一被拒绝就闷闷不乐的同事，与其在她每次心情不好时问她："到底怎么了？""你干嘛那么在意被拒绝？"不如找到哪天她业绩成交的时候，一方面鼓励她，一方面提问："你这次做得很好，是怎么做到的？""能够谈成这个客户，请教你有什么可以跟同仁们分享的诀窍？"

当她的正面力道被加强，久而久之，就越被导引朝这个方向迈进，逐渐地，她会主动选择去多面对有助成长的情境，而不会沉溺在失败的自怨自艾里。

其实，影响力就是这么简单。同样一句话，只要改变提问里的用语，就可以带来截然不同的效果。这样的道理，自然也可以应用在日常生活中：

●孩子老是不写功课，不问他为何不写功课，而是和他讨论"你觉得每天写功课对你有什么帮助？"

●夫妻间吵架，一方嚷嚷为何你不爱我了。另一方边争辩，边让气氛更僵。夫妻间理想的提问，应该是"我为何那么爱你？因为……""我很感激有你陪伴，因为你……"其实，任何的人际关系，当我们愿意用正面思考来提问，很多纷争就会消弭。

从根本上来说，提问，不只影响别人，也可以影响自己。

如果说，老板对员工改以正面提问，不问为何失败，而问怎么成功，就可以让他们积极去找成功的方法。那么，对自己提问，也一定可以带来这样的效果。

试着改用正面思考问句："我怎样可以赚更多钱？""我怎样可以达到健康的指数标准？""我要如何才能争取本月的业绩冠军？"用这些问句取代"我为何都没钱？""我为何那么胖？"等等。

让脑子习惯正面积极，成功导向的自我提问，那么人生也就会一步步朝你心目中理想的正面方向发展。

加强提问的影响力

我们已经知道，透过提问，可以导引对方的思维。

当老板要管理员工，多用正面字句就可以导正方向。然而，既然都已经以问句导引了，那么，若要让效果更好地被增强。就要试着让问题"精细化"。例如，老板问员工："你们要怎样让自己这月的业绩提升呢？"

这个是好问句，如果老板早晚提示，员工就会养成思考如何提升业绩的习惯。但光这样还不够，如果老板提问："你们要怎样让这月的业绩达到北区冠军？在十个分公司中取得领先呢？"

这个问法更明确，但依然不够清楚。因为所谓"领先"，还是抽象的字眼。

最后，老板这样提问："上月的北区冠军，北一店业绩是五百万。我们要怎样努力达标？让我们这月业绩可以超越五百万，成为这个月区冠军呢？"

这样就非常明确了。

其实，这道理就跟目标设定一样，只不过我们将这个原理应用在提问里。当我们设定目标时，目标设定得越清楚，就越能刺激自己去达成。同样地，当问自己的时候，光有正面的刺激是不够的。

"我要怎样才能让自己业绩更好呢？"

时常这样问自己，长期下来虽有成效，但力度不够。因为在我们脑海里，并没有被刺激到必须"投注全力"，因为刺激信息不足。所谓的正面刺激信息，最好包含"人事时地物"：

"我该怎样让自己业绩更好？我希望在今年六月底前，将本公司新研发的系统，卖出至少一百套，超越主管林经理的业绩。我该怎样做到呢？"

当问句的信息多了，脑袋里自然想法也变多。当问怎么达到业绩，想法很空泛，但有了人事时地物，脑袋就会去想"这套系统的特色是什么？要怎样凸显优势让客户知道？""林经理的业绩怎么那么好，他有哪些地方是我可以学习的？"试着让自己的提问更"精细化"，就能让脑袋运转产生更多有助于我们的可能方案。

让"个人"成为主角的提问法

提起影响力，这世界上最大的影响力，从来都不是靠威权武力等强加的影响力，而是让对方打从内心真的感恩你、喜欢你、推崇你，这才是真正的影响力。

也因为重点是在打动对方的"心"。因此提问的时候，设法让对方被导引到"为自己"着想是很重要的。举个例子如下：

老板问员工："你要怎样为公司争取绩效"这句话的强度，远不如"你要怎样让公司达到绩效，为自己争取无上的荣耀"。

一个真正有影响力的主管，肯定会设法让员工自己回答问题，而不是由自己告知。

与其教育员工："当碰到客户有这样的使用商品困扰，你应该要告诉他如何排除？"不如导引员工："想象一下，如果你是使用者，当商品碰到这样的状况，你的心情会如何？现在，你有困扰想寻求解答，你希望获得怎样的协助？"

当老板试着这样导引，员工就能自己想出答案。而且因为这个答案是他自己想的，也就更加地能落实牢记。日常生活中，我们要善于让每个人的内心得到尊重。如此，就可以更加获得对方的真心回馈。

如同前面的例子，老板设法让员工自己找答案。我们不论是在学校教导孩子，或者训练新人，若能导引他们自己"讲"，效果就会事半功倍。

另一个常见的以"导入自己"当作提问方式的场合，就是在咨商的时候。一个真正好的咨商师，就是设法导引心灵受困者，让他们自己成为找解答的人。他只要适时提出问题"你感觉怎么样？""你现在内心里想到什么？"就可以带领迷途者一步步走出心灵迷宫。

事实上，我们看到许多的心灵导师，在很多的时候，也宁愿将话语权交到信徒手中，而不是一味地布道。那些最后愿意死心蹋地追随导师的人，往往都是在对导师倾吐内心真情的同时，也让自己诚心拜服导师。

试着在提问中让对方做主

谈到让对方的"心"做主角，在业务上，特别需要用到这样的影响力。尤其是在商场上，彼此可能都是陌生人，有着一定的社交束缚。每个人都有欲望，心中一定有个可以切入的点，问题是，客户为何要让你知道，这个切入点在哪呢？

方法只有两个，一个是靠观察，也就是读心术。另一个是借由提问的方式，让客户自己说出来。

举例来说：在电器卖场里，有位 A 先生走进来，看他的眼神焦点，是在寻找电饭锅及微波炉这方面的商品。他的表情和肢体语言很明显，他就是想买厨房家电，但同时从微皱着的眉头来看，他并没有找到满意的商品。

这时业务员甲懂得察言观色，立即上前服务："这位先生，你想找怎样的商品呢？可否让我为你效劳？" A 先生看业务员甲那么有礼貌，停下本来想离开的脚步，回答："我想找复古的电饭锅。"

接着业务员甲"哦"的一声，一副已经很明白的样子，立刻带先生去某个货架，那儿有几款刻意作成复古造型的电饭锅，接着就开始流利地说出商品话术："这产品既拥有现代化功能，又有古早的味道。别看外表复古，内里功能却符合最严格的检验标准……"

这时候，甲却犯了业务员常犯的错，就是只管自己讲，没去顾虑客户的想法，也没看到其实，生的微表情，已经露出厌烦，甚至生气的征兆。一旁观察的业务主管发现情况赶紧插手，改由他来主导。

主管第一句话就问："这位先生，你指名要复古型的电饭锅，可以看出你是很感性的人，我很有兴趣听听，为何你想买复古电饭锅？"初始，A先生还说没事啦！只是看看而已。但主管继续表示："今天买不买没关系，但我们很关心客户的需求，你的意见对我们来说很重要，可否分享你为何想买复古电饭锅？"

由于主管先用"安心法"，告诉客户买不买都没关系，接着用"让对方当主角的倾听法"，后来，先生才说，母亲节快到了，他的老母已经八十好几，想到再陪她也没几年……讲到这，A先生不禁哽咽了。接着他继续说，想起从前小时候妈妈煮饭的电饭锅，忽然好想要买一个，而且也希望妈妈看到这个电饭锅，能够温习旧日美好回忆。

主管边轻拍A先生肩膀，边告诉他："我了解了。很幸运的是，本公司货源很多，若不嫌年份旧的话，仓库里就有现货，保证功能齐全，典藏款的真正复古电饭锅。"

就这样 A 先生不但买了电饭锅，后来和主管成为朋友，日后也经常来卖场买东西。

"被重视"的感觉是很重要的。如果有人和你对话，总是关注你，让你当主角，你会不会被感动？甚至愿意掏心掏肺，无论对方卖什么你都愿意买单？

这就是让"心"做主的魔力。

Chapter10

对症下药的提问法

沟通基本定律 10
达到目的最快的方式不一定是一直线，沟通也是如此。

　　我们都知道，这世间有千万种模样的人，每个人的喜好都不一样。也许有些公约数比较大的东西，例如金钱、钻石，可能大部分人都喜欢，但这也并非通则，好比说一个思子情切，急着赶回家的亿万富翁，你就算现在提着装满千元大钞的行李箱给他，也无法取代他此刻最想要的是搭乘直飞班机回家。

　　如果，客户明明想要的是 A，你却不断和他讨论 B，那真的是鸡同鸭讲，就算你拥有再专业的沟通说服技巧，也终究无法触及谈话焦点。

　　古往今来，因为"言语没交集"而错过的因缘、商机不知有多少。当我们看中医时，医生可以透过"望、闻、问、切"了解病因，反倒人与人间的交流，因为害羞、因为客套、因为种种的情绪等，无法正确传达内心想法。

　　本章，就来谈如何先透过读心与提问，再来对症下药。

他要的跟你想的不一样

人真的是最复杂的生物，其他动物很少会像人类这样"装模作样"，甚至有的人明明想要却又说不要，明明想要买某样东西却要拐个大弯。很多人都有这样的经验，例如男孩子想要买保险套，不好意思直说，于是就去药房假装帮家人买很多东西，"顺便"买保险套。

前面我们说过，一个业务员要做到：当客户没有需求，也要设法透过提问创造需求。但如果客户本来有需求，却只因业务员无法掌握，最后客户跑去别家买，那就令人非常扼腕。

因此，如何结合读心与提问，就非常重要。

"想要而不明说"或者"想要 A，却转个弯先说 B"，这样的情况很常见，包括男女之间对话，女孩子愿意和男孩子约会，但又不方便表现得太过随便。孩子想让爸爸在成绩单上签名，但怕分数太低被骂，于是先转个弯，今天对爸爸很殷勤，不断讨好爸爸，最后才趁爸爸高兴时拿出成绩单。

这里为方便说明，还是以传统的业务销售为例。假如你是某个卖场业务员，如何让今天的销售成绩更好呢？

第一阶段，当然要熟悉基础的读心。你起码要能判定，这个客人对什么商品有兴趣？或者他两眼无神，其实只是来这里逛逛，心不在焉。对于心不在焉的客人，多说只是浪费时间，除非店里没其他客人，否则就不须将焦点放在他身上。

第二阶段，找到有明确需求的客人。

例如，有人就在生鲜超市东张西望的，明显要找什么，那就过去协助。

第三阶段，从看似有需求但表现不明确的人身上，找出真正需求。

例如可能看到有人在女性用品区徘徊，一副很困扰的样子。第一时间就能立刻反应，这位客人想买内衣，但刚好他附近没有女性员工，这时候贴心的人，就去唤来女性员工过去提供服务。

或者有个男性中年人，在手机商场逛，眼神不时飘向墙上贴的日本女星海报，但又犹豫不决，这时候可以判定，他想买可爱的手机周边商品，但又怕被说成是中年变态。这时候聪明的销售员会过去亲切地问："这位先生想帮家里孩子买商品吗？我帮你介绍几款现代年轻人喜欢的好不好？"于是这中年人就顺势听介绍并且买商品。

然而，以上状况，仍是偏向"一眼就可以猜到"背后需求的状况，要的只是多一点贴心。但许多时候，还真的很难判定一个人的需求是什么，这时就要靠聪明地提问。

透过提问，才能对症下药。举例如下：

有男子陪女子来买首饰，他第一关心的不是首饰价值，而是隐私权设定，希望不要登记客户数据。原来那个女子不是他的正宫，而是小三。

有人想卖车子，但看中的是交易速度，价格反而不太在意。原来她跟先生要谈离婚，想趁车子尚未转入别人名下前先脱手。

而回归到日常生活，一个常见的例子：

女友在电话里问东问西，一下子那个有问题，一下子又那个不对劲。此时做男友的绝不要发火，甚至骂女友不可理喻。其实女友真正的需求，是她爱你，所以舍不得挂电话。

如何了解背后真正的需求，真的很重要。以下让我们来分析，如何透过人与人间的互动与提问，找出真正需求。

了解需求产生的心路历程

要了解人们内心真正的需求，就要先了解大脑的运作方式。

正常一个人的反应，一定是先发生"问题"了，才有需求。

例如，因为手机坏了，所以必须买一款新的手机，这是一种需求。另一种情况，手机没坏，但看到新机款出来了，同学都买了，自己也想要一部，这也是一种需求。那种"因为看到别人有，自己也想有"，这就是一种内心的不满足，这也算是一种需要被解决的"问题"。

关于需求的产生，其诞生的流程：

不满→困扰→问题→痛苦→想要→需求

任何人一定先处在不满的状况，才会有后续的种种大脑连锁反应。例如前述，你已经有一部手机，但看到同学有着更新款的手机，于是你内心感到不满："他为什么可以有？"当这种不满已经累积不只是一天两天，那就变成一种困扰。终于，心中的困扰堆积很多，已经到了令自己"茶不思饭不想"的地步，那就变成问题，甚至你跟家人讲话都会吵架了，因为家人都不帮你买新的手机，这就已经到了痛苦的阶段，心理状态是不换新手机都不行了。

读者可能要问，以上是极端情形，但有时候，我们只是去卖场逛逛，无意间看到一个美丽的包包，后来被店员说服，终于买下了。但这买下的过程，其实没经过"问题""困扰"……等流程。

其实还是有的，只是前面手机的案例是比较极端版，而逛卖场是简易版，也就是在极短的时间里，透过和店员的对话，脑海里很快地历经这段心路历程。例如：

你今天第一次看到这个包包，之前没看过，所以本来是没需求的。

店员来找你，透过提问："小姐，你有没有喜欢的款式呢？"你回答："没有，只是逛逛。"这时候店员说："小姐你知道吗？现在流行这种附带小钱包的复合款，你的身材纤细，背着这个包包肯定非常好看。"

经由对话，你被引起好奇。透过提问，你被刺激思考"这是最流行的吗？我怎么不知道？""什么叫复合款？我背这种包包真的适合吗？"

首先你已经被刺激欲望，那么这时若转身走开，心中就会有舍不得，这就是不满；接着当店员透过提问式对话，让你心中的不满放大（为何我不能拥有？），到后来终于情绪越来越强，当店员最后讲句赞美的话："小姐，这个包包天生就为你设计的，你可以照镜子看看，你看得出你背这个包包有多美吗？"

就这样，快速地在内心跑完"由原本根本没看过那个商品，到最后却认为一定要拥有的"心路历程。

所以，这样的需求虽是被创造出来的，但过程中，店员也懂得对症下药，她就是透过与你谈话，逐步了解，你很看重流行，你很在乎自己被赞美身材很好……等等，当这些"症状"，被店员一一检视出来，她就很容易让你掏腰包买东西了。

不断创造对话循环以导入最终目的

具体来说，在不同的场合，好比说在办公室，或在家里，我们如何透过这种需求的诞生历程，完成一个好的对话，并且达成自己原本沟通的目的呢？

以下，就是我所提出的 INCOME 沟通法。

可以看出每个进阶的关键，都在于提问。

为何叫 INCOME 沟通法，这有两层含义：

第一，如上图所示，这个图形中包含五个圆。链接每个圆中英文字的前缀，刚好就是 INCOME。五个圆代表五个步骤，分别是：

Inquiry（提出询问、洽询）

Call（搜寻、回答）

Offer（回馈、对应）

Manage（管理、导引）

Expect（期望值、想要的结果）

第二，INCOME 就是收入、所得、收益的意思。以商业来说，特别是业务工作者，一次成功的沟通，最终就能带来真实的 INCOME。以其他领域来说，不论是家庭或各种人际关系，透过好的沟通，能带来好的结果、好的回报，这也都符合INCOME 的概念。

任何的沟通，结合读心与提问，都可以归纳在这五个"圆"里。其应用原则：

1.左半边的小圆，最终都要对应右边的大圆。

2.对应的方式，可以单一圆直接对应。例如从 Inquiry 开始，直接跳到 Expect。

举例：客户来询问有没有卖某牌手机，店里有，就立刻卖给他。甚至我方连话都不需要怎么讲，就成交了。

3.如果单一小圆无法达成，就要进阶到下个圆，再无法达成，继续进阶，基本上，就是在左边四个圆互相循环下，最终要达到右边的圆。

这就是 INCOME 沟通法。以下来进阶说明：

● 如何从 Inquiry 直接进展到 Expect

表面上，这和提问无关。例如通常客人看到广告或媒体报导，直接到店指名购买。但当透过广告及媒体这个过程，也就已经在提问了，也就是广告对消费者提问："这么美丽有型的商品，你不想拥有一个吗？有些人的内心被勾起了欲望，于是就有了消费行为。"

另外，常见的"求婚惊喜"，在男方朋友们预先布置的场景里，男主角对女主角求婚，对方说我愿意。这"当场成交"的前提，一定是双方已经熟识。

● Inquiry → Call → Expect

这是基本的交易模式，需求方提出问题，卖方提出响应。这响应若让对方满意，特别是对方本来就有基本需求的前提下，也就能很快成交。

到此，也不特别需要提问式营销。

● Inquiry → Call → Offer → Expect

这一阶段，就属于正常的交易流程，也就是买卖双方进入对话阶段，这里就必须善用提问法。

当客户有需求，提出 Inquiry 时，我们适当地响应，并且配合读心术，了解对方状况，适时地提供回馈。例如使用"让对方的心当主角"的问句模式，让对方多谈一点，然后对方进而有更多的 Inquiry，我们做出好的 Call 及 Offer，最终让客户确认需求，下单购买产品。

- Inquiry → Call → Offer → Manage → Expect

一般的交易流程，可能无法那么顺利，也许前面谈得很愉快，但最终客户还是无法下决心，即使谈了非常久，可是客户仍不打算买单，这样就很可惜。

在 Manage 的阶段非常重要，业务员必须要扮演好引导的角色。例如前面几章介绍过的 3Yes 成交法，或者情境假想成交法，就可以派上用场。

而在下一篇，我们也会介绍实务结合读心与提问的业务技巧。

基本上，INCOME 沟通法适用在各种场合，不只是销售场合如此，和家人朋友沟通也是如此。下面我们针对每个环节做进一步说明。

善用 INCOME 流程，促进沟通结果

整个 INCOME 对话，都是从提问开始。

正常的人际互动，有问就有答。好比小孩子用童言童语问妈妈："为什么树上会有虫虫？"因为问句会导引脑袋的思维，所以妈妈也不免被"童"化，跟孩子童言童语起来："因为虫虫喜欢树叶，那是他们的食物啊！"

而男女间互动的开始，也通常是一个问句："小姐，我们是不是以前见过？我对你有点面熟。"

Inquiry 和 Call 是对应的，如果一方问，另一方不想答，那就代表对方根本不想和你对话，这样连沟通都无法发生。发话方也不需要浪费太多时间在这样的对话下。除非是自己家人，那就代表正吵架冷战中，就又另当别论。

在 Inquiry 及 Call 的阶段，最重要的一件事，就是设法让问题导入你要的答案。例如有客人问："有什么推荐的手机？"你可以响应："请问是最近知名度最高，并且符合像你这样子优雅气质的淑女款吗？可以允许我为你做说明吗？"从第一句话就导引客户去买业务员想推的商品。

但做业务员最大的忌讳之一，就是一味地想主导话题。

好比当业务员开始这样问后，发现对方微表情出现困惑或厌恶貌，就要立刻改弦易辙，把话题导回客户端，问对方："或者你对新手机有什么需求？我相信你若可以提出，我们都尽量

满足你。"这就是一个尊重对方的提问。

相较来说，以下是错误的提问：

● 和对方冲突的响应法

客户说："我想要低辐射的款式，我听说手机是影响脑病变的祸首。"

业务员却回："小姐你从哪听来的，其实市面上的手机一定都符合标准，你不要杞人忧天了。"

这样的对话，只是把自己放在客户的对立面，双方肯定会不欢而散。正确对应法，第一步要先顺应客户，再做出正确提问：

"小姐，你真的是很有健康观念的人，非常的难得。对了，你知道吗？其实台湾目前的手机，都已经过 NCC 检测，安全无虞才会上市。但我们很在乎你的感受，所以请问，您有指定的型号，或者有什么参考数据，我好介绍适合您的手机款式。"

● 以负面做切入的回应法

客户想要买 A 品牌的商品，但那其实是公司的敌对品牌，因此我们卖场也没在卖。

客户："请问有没有 A 牌的保健酵素？"

业务员："小姐跟你说，千万不要买 A 牌。那个品牌吃了会有副作用，我就曾听过很糟糕的案例，拉肚子及起疹子，要不要换换我推荐的另一个牌子？"

如果结合亲切的话语，或许客户还听得下去，但基本上，以负面作切入，时常会带来反效果。并且凸显商业道德问题，严重的话，对方以后都不来这里买东西。正确的应对如下：

业务员："小姐，你要买 A 品牌的健康酵素喔！了解了。这里我是否方便也跟你分享一些消化方面的建议呢？单纯听听就好。你知道吗？其实消化的状况因不同人的体质也会有不同喔！有些品牌的药性比较强，反倒可能对身体不好。如果可以拨点时间，我可以为你介绍我们公司得过奖的酵素品牌，但如果你仍指名要 A 品牌，我也可以告诉你往哪个方向走有在卖，这样好吗？"

这样说的话，就有机会让对方改买我们的品牌；当然也有可能对方还是要买 A 品牌，但至少过程中，对我们的印象会比较好。

但如果对话没有进入立刻结束的状况（包含对方下单、或者对方走人），那就可能是彼此交流有些关卡，可能是消费者还在犹像，不确定该不该买。这时候，懂得用 Manage（导引）方式，就可以成功达阵。

当双方交流许久，我们要善用读心法，例如我们在过程中，发觉对方似乎对价格很在意，每谈到价格表情就会出现微微的痛苦状，那我们就知道，只要突破价格关卡，就可能成交，于是谈话中刻意导引："结合刷卡消费，不但负担轻松，还可以积点喔！我们的产品正好跟某某信用卡有合作，可分三期完全不计利息呢！"这样最终便能成功导入交易模式。

有关各种提问业务成交技巧，我们后面有专章说明。

Chapter11

从谈话中找出沟通的背后意义

沟通基本定律 11

在沟通的国度，没有绝对的真相，只有相对的最佳解答。

　　提起沟通，人们经常会听到一种似是而非的说法，可能是从电视剧或侦探小说得到的一些印象。好比说，讲话的时候，眼神飘忽不定，就代表心中有鬼；或者被问话时，变得结结巴巴，就是心虚的表现。

　　实务上，若结合其他的征象，例如前言后语不搭，或者惊慌的表情很大等，也许可以有更高的概率判定对方是否说谎，或者推测对方可能知道一定的案情内幕。然而若单纯以眼神或讲话语气就做判定，则过于武断。毕竟，任何人面对警方侦讯都难免会紧张，也有可能面对采访时，脑中一片空白，根本答不出话，不能因此判定对方是怎样的人。

　　本章，将简单介绍沟通时的表情和肢体语言。

找出负面意象的动作或话语

要建立一个基本概念，那就是，即便是微表情，以及前面介绍过的一些肢体动作，好比说第二章曾介绍双手抱胸是一种排拒语言，这些都只能作为一种"参考值"，不能当成"绝对值"。

我也有认识这样的朋友，他从小习惯讲话抱胸还会摇晃身体，脸上露出不屑的表情，但这是他长期生活环境所养成。熟悉他的朋友都知道，就算他跟你讲话时一脸不以为然，但最后还是会突然表示要下单。真正判别他是否"心动"，不是看他是否抱胸，而是他原本晃动的身体停住了，这代表他变得专注，那就是他对话题有兴趣的时候。

所谓微表情，是连当事人自己也不能掌握的表情，可能仅仅出现短短的0.2秒间，但即便这样的微表情，也只是参考值。例如一个人出现不屑的微表情，"不屑"这件事是确定的，但沟通一方仍无法判知，他是为何不屑？因为这可能跟他本身个性有关，一个可能是性格上比较有优越感，很容易习惯性地对事对人不屑；当然也可能针对双方对话的内容，例如对业务员讲解的信息不屑，但这也都只能是个参考。

所以微表情还须搭配其他的征象。这里参考清水建二老师以及一些国际名师的研究，列出几点可据以判断对方内心想法的征象。同样地必须再次强调，没有百分百一定代表什么的征象，只能说若出现该征象，"很有可能"对方心境是什么。

● 大量出现无意义的副语言

所谓副语言，如同清水建二老师所定义的，是"不成语言的语言"，好比许多人讲话时习惯的一些口头禅，如："那个……""呃……""嗯嗯"等。

如果一个人原本的平常用语，经常出现很多赘词，那只是个人习惯而已。但是要必须特别注意的，就是出现大量的副语言，或者讲话比平常还不顺，嗯嗯啊啊的，那可能表示：

1.对方正在说谎，而为了掩饰谎言，必须一直动脑，不得不用一些赘词来拖延时间。

2.也可能是心不在焉，但又面对不得不沟通的谈话，于是采用一些话应付敷衍。

● 讲话中出现的语病

也就是所谓的"说溜嘴"，在侦探小说也可以经常看到警探用这种方法找凶手，透过问话，让嫌犯说出一些内心话。通常结合一些问句陷阱，例如故意问对方："为何刀子也要用廉价品？"嫌犯不经意回答："欧洲高级刀具怎会是廉价品？"就是不经意露了馅，被当场逮捕。

通常若一个人说谎，为了掩饰，得要很会"演"，但再怎么演也难以摆脱人的本能。有些话就容易在猝不及防地问话下，脱口而出。

● **对你有好感，或对你话题有兴趣的征象**

前面两个谈的都比较偏向测谎及侦讯，对一般人来说，当两人沟通的时候，经常要判定的是"对方是否认同我？"甚至"对方是否愿意接纳我？"

以此来看，最明显的身体语言，就是当对方讲话身体倾向你，或者包含眼神以及全身都面向你，这是对你有好感，也信任你的表示。然而，由于这种基本的身体语言很多人都已知晓，所以实务上，例如业务人员为了讨对方欢心，就懂得故意以身体倾向对方，制造好感。特别是异性间，这效果更加明显。

即使身体语言可以伪装，这里还有两个判别对方是否认同你的方式：

1. 愿意将水杯靠近你

可以做个实验，在两人交流的咖啡座上，你刻意端起自己杯子，喝一口后，把杯子放在对方的杯子旁。之后，看对方是否在拿起他的杯子喝水后，又愿意摆回原位，也就是你的杯子旁。一般情况，由于杯碰杯可能会有口沫传染，所以防卫心比较重的人，会在很短的时间内刻意端起水杯喝水，然后在放下杯子时，刻意放在离你杯子较远的地方。

这个实验，不能确认对方是不是真的讨厌你，毕竟可能有的人有洁癖；但可以反向证明，若对方还是把杯子放在你旁边，就比较可能是认同你，对你没防备心的人。

2. 讲话中的用语代表距离

有些人跟你对话很有礼貌，甚至表示出亲切，但其实他话语的用词透露出内心真正的想法。好比说，跟你比较划清界线的人，讲话就会区隔出"你""我"，相反地，若表达时常用"我们"的人，通常就是把你当作"自己人"。

● 太过完美反倒不够真实

在谈话时，如果对方讲着讲着说出："不对不对，我说错了，我那天其实是穿裙子。"等这类的谈话，反而比较具备真实性。相对的，如果一路平铺直叙，感觉就好像背书，不够真诚，那反而是不真实的征象。

在面试的时候，可以头头是道地分析市场局势，还有流畅地说出为何想应征这家公司，但那往往是前一晚所背下的稿子，不代表真正的认知。若要测知真正对方内心的想法，必须有赖适当的提问。

另外，一个人的谈话，如果包含很多专业内容，但却少了五感对应，也就是形容是什么颜色，闻起来是什么味道，或当时有什么感触等，这也比较代表是"非本身经验"的谈话，这样的沟通通常会不真实。

这里也分享一些清水建二老师提供的科学提问法。所谓科学，也就是这些问句是经过实验室实证后，结合一些人性的特质，所据以设计出的提问法。

利用"科学提问法"取得核心信息

这类科学提问法，是用在一方必须知道另一方信息的情况下，例如：爸妈管教小孩、警察侦查案情，或老板想要知道本月业绩不好的真正原因。但在特殊情况下，也可以适当地结合其他提问用语，用在销售对话上，或者人际关系的互动上。科学提问法又分为以下几种类型：

1. 开放式提问法

刻意问出一个问题，让对方自由发挥，借以抓住对方"重视的事情"。这可以具体应用在面试的时候，例如，同样一个问题："请说说你在大四寒假期间参与了什么活动？"每个人的响应不一样，反映的正是他们的内心重视取向。

甲回答的重心，在于他认识了很多新朋友，表示他喜欢尝试新事物，但面试官也听出这个人的稳定性不够，有可能做一两年就离职。乙回答的重心，在于他的领导力及认真负责的态度，例如某一晚活动结束，大家都累瘫了，但他仍一个人把场地都收拾好才走。这可能代表着这个人非常重视的是荣誉心，喜欢被称赞。

有句话说："多说多错"，但警方办案时，喜欢透过开放性问句，抓住对方的重点，事后又刻意问其他问题对照，检测他有没有说谎。在销售场合，若适当结合开放式问句，则可以让对方表达自己的真正需求。

2. 操控式提问法

或者称"明知故问法"。在警方办案时经常用到，就是故意问一些答案很容易，不必问也知道的问题。好比说，你叫什么名字？家住哪里？有时候被问者感到不耐烦。但其实这些问话的用意，一方面在于让你卸下心防（因为回答的是熟悉的问题），以便接下来用突袭式问句时，能达到好的效果；一方面也是借由问话，了解你的一般对答方式，因为是熟悉的话题，回答时可能就比较能够表现出一个人平常的样貌。

在面试的时候，面试官也知道来应征的人，多少都已经在家做了基本功课，所以会故意问一些营养题"你为何会想要应征我们公司？""你觉得你的专长是什么？"等等。透过这些简单的问题，先测知受试者的反应模式后，再来问一些比较尖锐的问题，就可以从表情判定面试者是否真诚，或者得到一些面试官想要取得的其他信息。

3. 反预测提问

这也是主要用在面试或侦讯时的方法，但也可以应用在老板想探知员工真正想法时。所谓反预测，就是提出"回答者事前无法预测答案"的问句。例如：

★与感觉有关的提问

老板问员工："你说你昨晚有去拜访工厂，那请问当时在工厂看到了什么景象？"

★与时间有关的提问

一个人如果说谎，除非事先计划周详，否则是无法应对细节的时间提问，无法具体说出几点时在什么地方。例如老板问一个经常摸鱼的业务员："昨天下午两点你去拜访哪个客户？谈了什么话题？谈了多久？"

★与过程有关的提问

例如问员工："你在处理这个系统问题时，你在拆下机组后，接下来的步骤是什么？"

★魔鬼耳语提问

刻意问和对方立场相反的问题。例如某个员工赞成业绩采取方案分红制，老板刻意问："那如果采取方案，你的感觉是什么？"透过这些本来非主力选项的问题，反倒可以问出一个人内心的逻辑思维。

★场景式提问

就是提出一个假设的情境，问对方若在这样情境下会如何。

老板问员工："如果某天你的主管因为重病必须请长假，你临危受命，请问关于这几个项目，你要如何处理？"如果一个平时没有想这些事，只知道上下班打卡，只管自己工作的员工，被问到这种问题，一定答不出来。

*穷追式提问

这是比较好理解的，针对任何状况都一样，也就是抓住要害，一直追下去。

好比说，在业务销售时，客户表达他对粉色系列产品有兴趣，于是就针对这个主题，向客户追问下去，当然过程要平和，不要给对方压力。

例如在面试或侦讯时，若采用穷追式提问，就是发现对方的弱点时。当面试者被问到为何过去两年常换工作，回答得不清不楚，于是面试官采取穷追不舍法，问他在不同公司服务的细节，了解他为何离职，以及他的工作价值观。

4. 概述提问

就是在经过前面的一系列问话后，最终请他"整理一下刚刚说过的话"，例如在公司会议中，同仁进行企划案的简报，原本他PPT讲解得还不错，但老板请他最后概述性再讲一次，他却说不出来。这代表刚刚进行的简报是硬背出来，其实这同仁本身并没有真的很明白整个项目对公司的好处。

5. 封闭式提问

这点在许多场合也经常使用，包含销售场合或会议场合，就是问话一方以比较强势的立场，请对方直接回答是或不是。

当然，在销售场合，可能气势不会那么咄咄逼人，但最终目的，就是告知对方："好了，前面交谈那么久了，我们就暂告一段落吧！请做结论，要还是不要？"

搭配不同的情境需求，如面试、考核、了解问题根源等，这些问句可以有助于达到问方想达到的效果。

Chapter12

能够拉近彼此关系的提问

沟通基本定律 12

是朋友或陌生人，沟通方式不一样。关系建立，最是重要。

沟通，绝对是一连串的互动，并且双方互动过程要像跑车逐渐加温，一开始慢慢启动，后来逐渐提升速度，最后马力全开，往终点线冲刺。过程中有交流的快感，并且有个明确的结果。

有几种外人一看就知道是"死棋"的沟通：

● 一问一答式沟通——一方问话，一方回答。一方问话，一方再回答。摆明了有一方根本没兴趣沟通。

● 并行线式的沟通——例如先生讲他今天在公司被老板教训一顿，妻子讲她今天趁大特价买了一个礼拜的菜。各讲各的，就像两条互不交流的平行线。

● 对牛弹琴式的沟通——甲："我今天在公司里提出一个案子，没想到那个平常总跟我唱反调的老陈，这回竟然赞成我提案耶！"乙："什么样的曲调？你刚讲什么歌唱比赛？"

● 心不甘情不愿的沟通——妈妈："明天下午跟我去阿姨家，记得带上时令的水果，明早记得提醒我，把上回阿姨放在我们家的笔记本带去，这样知道吗？"儿子："你说怎样就怎样，问我意见干嘛？"

● 故意找碴式的沟通——甲："我建议采用 A 方案，也就是在大巨蛋办造势晚会，邀请知名电视主播来当主持人。这提案哪个部分有问题？"乙："有的，就是你这个人有问题。"

其实，以上的沟通都是生活中很常见的，而且经常越是熟人越容易有沟通的问题，反倒是碰到完全的陌生人，还比较可能有一方专心倾听，一方用心阐述的状况。但无论如何，沟通就是要达到一个目标，不论是销售产品，或说服女孩周末一起看电影，假定沟通双方彼此是陌生人，那应该怎样借由沟通传达影响力呢？

建立认同感的沟通方式

沟通的一大基本王道，就是"一定要能持续下去"。否则不论另一方不想听，或听不懂，或不专心，都不是好的沟通。而关键的内心触及点，就是建立认同。如果彼此是陌生人，那首先要分析对方的心境，假定这里是卖场，并不是路上拦人推销的那种销售沟通。这时候，当对方都愿意来到卖场了，却有以下情况：

＊为何不想听？因为你讲的主题他没兴趣。

＊为何听不懂？因为你讲了太多专业的术语。

＊为何不专心？因为你的讲解实在太闷了。

其中最主要影响因素，还是对方没兴趣，如果有兴趣的话，就算谈话中有术语，他也会设法去了解，当两方谈话时，也会比较专心。如何借由谈话引起对方兴趣呢？在沟通上有所谓的向上归类法以及向下归类法。什么叫向上归类？以下举例：

二手车综合卖场中，

甲："你为什么想买二手车？"

乙："因为很多场合，若没有车就不方便去。"

甲："为什么没车就不方便？能举例吗？"

乙："例如我如果带着乐器还要搭公交车就不太方便。"

甲："为什么要带着乐器，你是音乐家吗？"

乙："是的，我是萨克斯风手，有在教学，也在不同的 PUB 表演。"

所谓向上归类，也就是不断追问"问题"背后的原因。因为每个客户的状况不同，有的客户不爱说话，业务员问一句回答一句；有的客户不懂商品专业，他可能想买车，但他完全不懂车。无论何者，当业务员透过向上归类问话时，一方面可以知道到底对方要的是什么，如此也可以针对他真正的需求，提出适当的建议。另一方面透过问话，也等同于双方正在交流建立情感，大部分时候，除非是拷问式的问话或隐私性话题，否则一般人其实是乐于展示自己的。

好比这位音乐家，他不好意思当面介绍说我是音乐家，好像在炫耀什么，但当甲采用向上归类问句，问出他的需求，最终也推荐他一款有着艺术家风格，有方便的置物箱（放乐器），但车款不用太大且方便停车（夜晚 PUB 附近通常不好找停车位）。如此，透过提问，甲为乙提供专业的服务，也建立长期的朋友关系。

向上归类，适合用在表面原因不明确的状况。最典型的例子，男女初步认识约会时，因为不够熟悉而有很多矜持，这时就要经常使用向上归类问句，实务上，也就是要多用"Why？"

"为什么想吃温泉蛋配野菜？"

"因为这样就可以去阳明山。"

"为什么想去阳明山？"

"因为就可以顺道去看夜景。"

"为什么想看夜景……"（因为可以跟你在一起看夜景很浪漫啊！）

透过问句，建立连结

　　向上归类，可以知道对方真正的需求。另外，这也通常是双方从陌生到比较熟稔的过程，因为其原理，是站在旧有的基础上逐步堆栈，也就是先用一个问题，在不跳脱原本问题下，加深力道。相反地，若问东问西的，对陌生人来讲会被怀疑是在调查户口，印象感觉会比较不好。

　　向上归类的主要问句用词是 Why。而在拉近彼此关系上，其他的问句也可以交互搭配。

　　大家所熟知的 5W1H，用在基本互动，好比说男女间初次互动，很有效的：

　　"今天天气很好，你为什么会拿把伞呢？"（Why）

　　"因为我做事谨慎，懂得天有不测风云，随身带把伞总是好的。"

　　"我看你同时在两个系上修课，这样课业不是很重吗？你怎么做到的？"（How）

　　"只要区隔出彼此的上课时段，任何人都可以修两边的课啊！"

　　"你身上的这件衣服好特别，上面绣的这个珠宝是什么？好美啊！"（What）

　　"喔！这颗是猫眼石啦！"

其他包括：

"你们系上的迎新舞会，什么时候举行啊？"

"对不起，我忘了准备明天露营的炭火，你知道哪里可以买到吗？"

"你也喜欢看画展啊！这回的参展作品中，你最喜欢哪位的作品？"

可以发现，虽然这些问句交互应用，但几个共通的原则：

1. 最好可以让对方回话，但又不会感到失礼的

若问你家有几个兄弟姐妹，对初识的人来说，太唐突了。

2. 可以在话语中，带着一定程度的赞美

问话中，要让对方感到自己很美，或很有远见。

3. 让话题持续千万不要用封闭式问句

例如问喜欢谁的作品，就可以成功延伸话题。

4. 就算被拒绝，也不会很尴尬（这要搭配微表情）

例如问对方身上宝石是什么？她回答猫眼石时，眼神有点飘忽，带些不耐烦，于是你也可自己找台阶下"原来是猫眼石，感谢今天又上了一课"，然后不失优雅地转身离开。这回搭讪不成，不代表以后没机会。

基本上，问句是一种连结的建立，并且要尽量做到不带强

迫性。例如，在商场上问客户为何想买车，如果对方不太想回答，那表示他可能内心还在思考，不希望被打扰。这时，我们只要做到基本的关怀问候后，就可以退到一边，等到他之后有明确需求的时候，自然会再释放出想要进一步沟通的信号。

不同模式的提问要交互搭配

既然有向上归类，那想必就有相对应的问句，即为向下归类。

以前面买车的例子来说，向上归类，会往"更大的层面"问，从买车问到最后真正买车的需求。而所谓的向下归类，就是一种越问越细的问法，例如：

某旅行社，有个客人来翻看型录。业务员上前与他攀谈。

业务员："先生，你有想要去哪玩呢？"

客户："日本中部一带吧"

业务员："更具体来说，有没有特别喜欢哪个县呢？"

客户："大约石川、富山、岐阜吧！"

业务员："有没有想看哪些景点？"

客户："一直很想去看合掌村。"

业务员："有希望就在周边逛逛山林景观，好比说立山黑部，还是比较偏爱接着往都市跑，例如名古屋。"

透过向下归类问法，业务员可以提供给客户更符合需求的提案规划。在实务应用上，向上和向下是彼此交相呼应的，并且绝对要"先上后下"。

为什么呢？因为向上归类，有一个主要的目的，就是要拉近关系。特别是当两人关系还不密切时，一定要透过向上归类来营造亲切感。事实上，在政商场合中，有句术语"没关系就没关系，没关系就找关系。"这所谓的"找关系"就是向上归类。

例如你在一个青商会场合，正与一个来宾互动，两人彼此还不熟，问什么都感到有点尴尬。这时候，第一句话就是要找关系，其线索可能从双方交换名片时来找。好比："李先生你好，哎呀！你公司在台中啊！跟你说，我老家正好就在台中，我们也算同乡啊！"

一个"同乡"，瞬间拉近两人的距离。而随着聊天继续，可能还会发现彼此是大学同学，或者都参加过狮子会等。透过向上归类，找出越多共同点，陌生人一小时内也能变成好朋友。另一种拉近距离的方法，就是在和对方谈话时，适时地表示"我也是如此"：

甲："我很关心孩子的教育，都让孩子去学不同才艺。"

乙："你也关心孩子才艺吗？我也是呢！我的两个孩子都上才艺班。"

透过向上归类，建立关系后，这时候如果想要做生意，就可以聊起来了。

甲："原来你在做装潢呀！其实我们家最近有些地方要整修。"

乙："哦！哪里要整修？"

甲："厨房及饭厅一带。"

乙："厨房的哪里呢？是流理台吗？还是墙壁？"

就这样，先向上归类，再向下归类；先了解需求，再确定细节。透过这样的提问，就能建立友情，也有好的沟通。

UNIT 4

问出你的业绩来

读心提问业务技巧篇

Chapter13

打开心房问出好业绩

沟通基本定律13

任何的销售或沟通，最终就是把"自己"销出去。

　　谈话，不一定有目的，也许只是闲聊，也许只是好友互相打闹取笑。但沟通，一定有目的，不论是说服、辩解、询问、交流、教导、安抚或者搭讪。总归来说，沟通就是影响力的传递，而大部分的沟通，都跟销售有关。因此，在本书最后我们聚焦在销售。当我们在熟习销售的提问技巧时，其实就是在把相关的道理应用在不同的沟通层面。

　　关于业务提问销售，也如同各种沟通的基本功夫，要点还是攻心为上，心态建立最为重要。

三种层次的销售与提问

心态不同，聚焦不同，沟通的方式也不同，结果就更不相同。基本上，业务员的心态可以分成三个层次：

1.初阶销售：聚焦在如何把商品销售出去，或者如何把自己意见传递出去。例如男孩追女孩，只聚焦在如何表达爱意。

2.中阶销售：聚焦在怎样满足对方的需求。以男女沟通来说，就是如何讨得对方的欢心。

3.高阶销售：聚焦在满足对方"真正"的需求。以男女交往来说，就是真正可以打动对方的心。

心态不同，提问的方式也会不同，甚至在低阶销售阶段，也常发生根本忽略提问重要性的状况。我们经常可以看到菜鸟业务员，拿着公司的型录，就抱着一副热血青年的态势，很努力地跟客户推介产品。虽然诚意值得嘉勉，但也得问客户需不需要啊！

其实，就算是低阶的应用，也可以结合基本的读心加提问。以一个在电影院商城附近摆摊推销信用卡的业务为例：

● 第一步：读心

先从商城附近来来往往的人群中，观察表情及肢体动作，寻找合适的对象：

＊脚步匆忙的人不要去找，对方在赶路，要找正在悠闲逛街的人。

＊表情焦急无奈在等人的，不要去问话，对方没心情听你讲话。

＊表情愉悦轻松的人是首选，因为一个人心情好的时候最容易切入。

＊通常业务员不会去找一群正在聚会的人，但如果反其道而行：当一群人聚会，并且可以看到每个人都处在开心放松状态，此时代表他们内心无防备（当有朋友在身边时，人们容易卸下心防），有时候反倒可以达成销售。

＊除了观察表情及动作外，配合产品属性，例如以信用卡来说，大部分中老年人都已经办过卡，可能年轻人比较适合。或者趁着对方正在血拼时，找时机靠近表示办卡买东西有优惠。当然，这就比较不属于读心的范畴了。

● 第二步：提问

就算只是初阶的业务员，至少要懂得，提问的第一句，就要抓住对方焦点：

＊你希望用七折买到这个商品吗？

＊如果不需要成本，就可以取得一张功能多样的卡，还有

134

赠品，方便听听吗？

*可以给年轻人几分钟介绍商品吗？不买没关系，交个朋友？

其实，当我们在提问时，稍微用点心，从第一句话，就可以转型为中阶销售。举例，如果对方是年轻女孩，你观察到她身上的包包，挂着许多可爱的饰物，就可以知道，这女孩喜欢被呵护，也喜欢感受各类卡哇伊的氛围，所以提问的第一句会是：

*这位小姐，看看这个娃娃你喜不喜欢，现在办卡就可以拥有哦！

*想要用更优惠的价格买到 HelloKitty 商品吗？用我们的卡去礼品店买东西，有特别的折扣哦！

看到一对年轻情侣经过，知道那个男孩的需求是讨好女孩，女孩的需求是被关爱。于是你可以上前：

*你们两个真的很登对呢！要不要送女友一张代表爱情的附卡，让你照顾她的那颗心，就算你忙碌没空陪她时，她手上也拥有代表你关爱的卡？

＊有真心的伴侣真好，想不想拥有另一种爱情见证？比情侣装还更贴切的，那就是两人合办一张卡？

透过"可以抓住内心好奇"的提问，一开始就让对方愿意停下来倾听，并且也不好拒绝（总不能在女友面前大动作说我没兴趣，感觉上很吝啬不愿意为女友付出）。当销售已经进阶到"站在对方的角度想事情"，并据以提出相应的问句，这往往就是一个菜鸟业务员晋升到更高阶的开始。

有始有终让问句完美收尾

任何的销售提问，都要包含开放式提问及封闭式提问两部分，也就是要做到"有始有终"，才能成功。这里要注意的是，若一开始就采用封闭式提问，代表着必死无疑的提问，但如果整个过程都是开放式提问，最终若没有拿到订单，那就只是双方长聊，也不算销售成功。

一个只懂开放式问句，却不敢用封闭式问句收尾的业务员，充其量只是个产品解说员。就好比博物馆里的导览志工，他们为有需要的游客进行展品说明，但除了"谢谢"两个字外，不会得到实质报酬。

沟通，是一种有来有往的艺术，销售，更是如此。如何做到有来有往，可以采用第十章介绍过的 INCOME 沟通法，具体步骤如下：

1. 先察言观色，找到适合交谈的对象

若是已经约好见面的客户，那就是透过读心术，先简单判定对方今天心情好坏，或者情绪是急躁还是悠闲。

2. 创造 INCOME 循环

任何的交流，都有个起始。以业务销售来说，这个起始往往就是一个好的提问。创造一个让对方的情境，接着就可以导入，之后就是一来一往，携手朝签下订单迈进。

既然交易的流程，重视的是 Inquiry → Call → Offer，最终要缔结成交（达到 Expect）。那中间很重要的一个环节，就是 Manage，也就是适当的管控引导谈话的方向。主要方式就是透过提问式问句，搭配适当的时机（也就是配合读心术，当对方对话题有兴趣，乘胜追击；或对方表情不耐时，懂得转换话题）。因为在一来一往的交谈中，没有管控引导，最终不是谈话没结果，就是耗费很长时间却只取得一点点的战果。

　　采用开放式问句的两大目的：一是拉近距离，二是搜集情报。每一个 Inquiry 及 Call，都是为了要让 Offer 能更贴近对方的需求。

　　但开放式问句如果不懂见好就收，也有两大缺点：一是让谈话失焦，二是言多必失。在太长的交谈中，业务员可能不小心说漏嘴，好比这产品曾被客诉，或过程中业务员逐渐把不耐烦写在脸上，那原本必成的交易，就可能转为破局。

　　虽然因为商品属性不同，无法明确订定双方要谈多久才比较适宜。但基本上，假如是店面销售，推介手机、包包、家电之类的，十五分钟的相谈甚欢，已经算是很多。至于像是汽车及房屋买卖这类较大的目标，其实大部分时候也是将时间花在交易手续，而非沟通说服；只要能准确抓住客户的心，明确判断对方需求，即便要销售的是上百万的跑车，也只需谈个十几分钟就能让对方确认下单，之后就只是交车手续等细节了。

所谓开放式问句，问法可能因人而异。但封闭式问句，大致模式都是一样的：

* "那么，小姐，你想要红色这款，还是黑色这款？"
* "这台计算机，您是要我们寄到府上，还是今天自己开车载回家？"
* "先生，今天您要付现还是刷卡？"
* "感恩您的理解，那么，我们就从下周一开始启动这套系统，您说好吗？"

也许对方已经对我们的产品很感兴趣了，也许对方仍在犹豫，但只要整个谈话的大趋势，是已经朝向愿意下订的方向，那就要适时启动封闭式提问。当然也有可能会碰壁，但只要沟通的方式委婉，对方应该不会介意。他可能会说："再等等，我还有几个问题不了解。"或者说："现在就要做决定吗？我还不那么确定。"但至少你已透过封闭式问句，让他聚焦在"成交"这件事上，后续不论是解决对方提出的问题，或者商讨"卡点"在哪，都比较好切入。

开放式问句和封闭式问句，就是要这样两者互相支持。总之，身为业务员，要非常确认的一件事，就是所有的提问、读心，最终目标就是要达成销售。

销售就要创造长期影响力

销售是影响力的传递，但所谓的影响力，其实若只谈"我终于让客户掏钱包了"，那只是有限的影响力；以男女交友来比喻，只是取得一次"约会"的机会。但都已经花时间交谈了，如果一次的交谈，可以创造更长远的影响力，那这样的销售沟通，是最有效率的。以每次沟通可以带来的结果做以下分类：

● **最佳的影响力传递**

让对方不只喜欢这个商品，并且也喜欢这家公司。

最高境界则是喜欢你这个人。让对方成为长期爱用者，成为公司会员，甚至跟你变成朋友，以后买东西都找你。

● **普通的影响力传递**

就是做成销售，让商品卖出，业绩又增添一笔。

但如果永远都只能开发新客户，做业务员会很辛苦。

● **最基础的影响力传递**

如果交易最终还是不成，那一个成功沟通的底线，就是"买卖不成仁义在"。也许今天手中没预算，或者太忙了没空聊细节，但保留改天再来消费的伏笔。

也就是说，每次的销售，不但要达阵，并且最好能够永久地"占领城池"，插上属于你的旗子。所以，销售，不只谈次数，还要讲究影响力的深度。

以我多年来的实务经验，我可以明确地说，所谓影响力的深度，也就是在客户面前你是什么人？如果他把你当成是店员、是业务员、是产品专家，等等，不论何者，都是把你当成"外人"。外人是不会有深度影响力的，只有当你变成他的朋友，或者若有疑难杂症时第一个想到的人是你，或者这么说好了，只要他愿意把你的数据放在通讯簿（而非只是收下你的名片放在某个不见天日的档案夹里），就代表成功了。

如何让自己和客户间的关系提升呢？具体的交友方式，有人可能就是彼此投缘，或者对方对某个议题很有兴趣，而你正好是专家，等等。但这些都是特例。一般来说，原本彼此是陌生人，而能在销售过程中，建立起信任感，并且愿意成为你的长期客户，主要靠的还是正确的销售技巧。

下一章，就来谈如何建立深度影响力，以达成长期的销售。

Chapter14

建立好交谊的业务提问法

沟通基本定律 14

这世界没有真正的公平，有关系的人待遇就是不一样。

不论任何年代，产品的质量很重要，但在销售的场合，往往"销售的人"更重要。

举例来说，你家附近有两家牛肉面店，价格相当，菜单也差不多。就连面的味道，老实说也分不出好坏差别，但你就是喜欢去 A 这家店，而不常去 B 店。关键肯定就在老板这个人，他可能每次见到你都会问声："这位帅哥您来了，是否照旧，一碗清炖加上一盘豆干海带？""上回您说被老板盯的那件事，解决了吗？"

一个个提问，也许都只是客套。但在冷漠的人情世界里，正是这样的关怀，一句句问在你心坎里，也问出你的长期忠诚度来。

要问就问你最有兴趣的话题

所谓朋友，一开始也一定只是个陌生人。

回顾你身旁的好友，到底多年前是怎么认识的可能你早就忘记了。

但如果你有亲密的女朋友，那当你问当初怎么追上她的，女孩都比较容易记得感性的往事，她就有可能记得当年的过程。

多半时候，那个过程，都是充满"问句"的：

你也是我们学校的吗？要不要一起看电影？你喜欢看什么类型的书？

当然，我们谈销售，不是谈感情。无论如何，总还是喜欢带给对方好感。关于如何与陌生人缔结良好的关系，销售学上有一个 FORMDH 问句法，其重点就是问对方有兴趣的话题，建立好感。

所谓 FORMDH，分别是六个单字的前缀：

F（Family）家庭；O（Occupation）职业；R（Recreation）嗜好；M（Money）收入；D（Dream）梦想；H（Health）健康。

这六个单字，就是专家研究发现，一般人交谈最有兴趣的话题，亦就是当与陌生人建立关系时，最容易切入的话题。一个成功的交易，也都是搭配察言观色，适时导入这几个主题：

●家庭

拜访客户办公室，看到全家福照片，或者瞄到客户的手机屏幕保护照片是女儿的笑脸，那么跟他聊家庭准没错：

"这是你的女儿吗？好可爱。今年几岁了啊？"
"请问你有几个孩子啊？我自己家里有两个宝贝，正是最缠人的年纪，你的孩子也会很黏你吗？"

当你介绍产品的时候，总是适时地以孩子当范例，例如：
"想想，若你的孩子长期接触充满细菌的环境，小小身体可能会受到伤害。但我们这个产品，对提升免疫力有非常大的帮助。"

导入家庭的好处是"延伸性"很高。"哎呀！好巧，我的女儿也在学钢琴，要不要介绍你那位老师？""我们小区的烘焙教室教学方式很有趣！要不要改天带您夫人一起来参加？"而人们有种习惯，如果你"连我的家人都认识了"，那我们双方当然算是长期朋友了。

●职业

特别是对男性来说，职业往往就是他展现"雄风"的地方。有时候年轻人聊天，女孩子会抱怨，男生好无趣，老爱聊当兵的事，那是因为可能对年轻人来讲，当兵是他可以炫耀的一个"战场"。到了成人，男孩也都还是需要战场，这可能是千万年来，雄性的一个本能吧！谈职业就是谈到他的地盘，就是谈到他的光荣。

所以当客户是某个企业的老板或高阶主管（也就是事业有成者），和他谈职业准没错：

"管理这家公司不容易吧？您一定非常有本事！"

"这个行业很竞争吧？您的本领一定很不简单。"

或者对方是某领域的专家，医师、工程师、设计师等，聊起他们的专业也可以打开他们的话题，虽然也许谈话内容听了会很无趣（聊起美国最新引进的抗菌模式，或最高阶的程序运算采取什么计算法则），但为了建立好感情，这样的深入交谈是值得的。

当然，现代社会男女平等，即便对方是女性，在察言观色中，若发现她很热衷在她这行的专业，当然也可以跟女性客户聊她的职业。

● **嗜好**

家庭和职业是最好切入的聊天引子，相对来说，谈嗜好，就需要一点技巧。最主要还是透过观察，如果没有把握，可能就不方便尝试。好比说，你跟他聊篮球，发现对方没什么兴趣，又聊到旅行，对方也不爱旅行。一次两次，双方关系就变得很冷，这样子后续销售就难了。

然而，如果观察到明确的点，好比说墙上有高尔夫球奖牌，或者书柜里放了很多茶道的书，那就八九不离十，可以抓住对方的嗜好是什么，一旦切入就很容易建立好感。

但仍然有个前提，如果这个嗜好，你本身不但不懂，甚至根本就没什么概念，那还是别触碰这个话题吧！否则当对方兴高采烈谈他几杆进洞，你却只能在一旁干笑，那也很尴尬。

●收入、梦想及健康

这三个主题是任何人都关心的，可以说没有人不愿意谈，但却同时也都有个限度。例如大家都爱聊自己很会赚钱，但如果你是陌生人，那谈钱反倒是忌讳。每个人也都愿意聊梦想，但跟陌生人聊，就显得"交浅言深"。健康话题比较没那么多顾忌，但也依然包含相当的个人隐私。

所以这三类的主题，适合在双方谈话进展到一个阶段，并且最好是由客户端已经稍稍聊到时，才趁势提问：

"冒昧问一下，你们这行好赚吗？像您这样有实力的人，在业界是位在哪个层级？"

"你说想要帮助许多穷人也有能力负担医疗费吗？您公司

的愿景真的很棒！您是什么时候开始有这样的梦想？"

"提起糖尿病，我的家族有这样的病史。方便请教您，刚刚说令堂有糖尿病，是怎样的症状？我也许有些实用经验可以与您分享。"

同样地，当双方是陌生人，不得其门而入时，如果对方可以敞开心房，聊到这几个主题，那你们就很容易变朋友。

各位读者，也可以试着想想，是不是当有人跟你聊到这些话题，你会比较愿意侃侃而谈？这几个话题还有一个特色，就是"每个人既想讲，又不方便讲"。好比说你总不好动不动就跟人家炫耀你的职业成就吧，或者动不动就跟人家展示你有一双宝贝儿女，总希望有人"开口问"吧！

所以当业务员们能投其所好，问话问到他们心坎里，就可以快速建立好关系。

找出切入的共同点

所谓的朋友，一定植基于某个共同点。

最常见的共同点，就是同校、同乡、同公司，例如看看我们自己的通讯簿，是不是几个最好的朋友，不是从小一起长大的邻居，不然就是从大学时代起的好哥们，更多的是现在公司里彼此长期互动，下班后会一起去逛街的好姐妹。

这一类的"共同点"，源自命运安排，我们不能强求。但跟客户间如果关系要好，也还是要有个共同点。上一节介绍了，问句法，谈的是关心对方，但对方有兴趣的不一定是你有兴趣的。因此，若要建立长期关系，如同第十二章所提到的，运用"向上归类法"，这样再怎样远距离的两个人，总还是会找到一个公约数，不是同乡、同校、同社团这类的关系，至少也可以是同嗜好、同宗教，或同样支持某个社会理念的关系。而就连一个地名，好比客户是台中人，我们也可以想方设法建立关系，以台中为例：

"我妈妈也是台中人。"

"我在台中当过兵。"

"我几个要好的朋友都是台中人，我真的很喜欢台中的朋友。"

或者再怎样都找不到关联，至少也可以说：

"我最爱台中这个地方了，假日旅行总以台中为首选。"

"我好爱吃台中太阳饼哦！每隔一阵子嘴馋都会去台中买。"

以"共通点"来说，这是友谊建立的重要依据。也是销售时，让话题可以建立的沟通桥头堡。

依据专业业务经验，当陌生人交谈时，有以下四个共通主题，可以从第一句话开始，就抓住对方注意力。这四个人人都会关心的主题，就是金钱、健康及外表、感情（包含爱情及亲情）以及奇迹，举例如下：

● **金钱**

你对现在的收入满意吗？你每天工作多久时间又换得多少报酬？你的收入够让你退休生活无虞吗？以你的实力，最多只能赚这些钱吗？

● **健康及外表**

你是否常有头痛失眠的困扰？你的消化正常吗？是否每天排便？你的家族寿命多少？若有产品可以让您们全家更长寿，有兴趣吗？

或者，想要让外表年轻十岁吗？你想要去除脸上的痘痘吗？如果只要每天多一个保养流程，就让你成为万人迷，你愿意吗？

● 感情

你和另一半关系好吗？您父母身体都还健朗吗？是否想要带给家人幸福的生活，但又觉得力不从心？你想要趁年轻认识更多优秀的异性吗？

● 奇迹

所谓奇迹，就是对方过往没听过的，可以让对方愿意坐下来听你讲下去的主题：

你知道长久以来电视报道的营养观念其实是错的吗？你听过有人年过六十看电影还被问是成人票还是学生票吗？你知道最近 PPT 上最被热议的人是谁吗？

以上的提问，都是透过第一句话，就让对方有兴趣听你继续讲下去。透过这些共同关心的议题，就可以快速拉近双方距离，逐步导入业务推展。

业务员一定要预先备妥的三个问题

也许要让陌生的客户，做到对你交心不那么简单。但至少若让他感受到你的"关心"，只要客户对你有好感，就有机会建立长远的合作。

在第七章我们曾介绍，业务销售与客户间，横亘着七个问题，那是基于客户端，站在客户看业务员的角度，他们内心会问的七个问题。

而任何的业务员，在出发拜访客户前，也永远要问自己三个问题，所谓的销售三问：

1. 顾客为何要买？

2. 顾客为何要跟你买？

3. 顾客为何要持续跟你买？

可以说，若这三个问题没有想通，那么出去谈生意，就算谈成也只是碰运气。一个没有真正抓住这三点的业务员，就不是真正关心客户的业务员。

● **客户为何要买？有三种情况：**

＊他有需求，只是还没人跟他介绍。

＊他有需求，只是他自己不知道，必须靠业务员帮他指出。

151

＊他没有需求，要靠业务员创造需求。

当客户本来就有需求，那么提问的重点在于，问出他的真正需求。可以透过向上提问，或开放式问句法。

当客户面临某种状况而不自知，好比说他的理财有问题，或者他脸上痘痘太多，他们有需求，这有赖业务员来帮忙。可以透过提问：

"你是不是经常觉得月初领的钱，月底就花光？"
"你是不是总觉得脸上油腻，试用各类面霜都无法改善？"

先透过提问，引起客户的兴趣，再逐步导引出我们的产品，这产品正好符合他的需求。

至于创造需求，就在于引发对方新的愿景。可以透过假想式提问法：

"想象一下，如果你骑上这台电动车，载着女友兜风，那会有多么惬意！"

先想好客户的可能需求，再来出击，成功率就能提升。

● **客户为何要跟你买？**

这就是展现你和客户关系连结的时候，可以透过本章前面讲的 FORMDH 法，或者切入共通性主题的方法，建立你和客户的连结。当对方愿意跟你交心，把你当成自己人，那同样是买这项产品，当然还是找你买。

● **客户为何要持续跟我买？**

当一开始就设定"我和这个客户不要只是一次交易"，那么，就会往长远的需求去思考。

例如客户有痘痘的问题，我们不要只想着如何让他掏腰包买下这瓶保健品，要销售他的应该是"整体的销售计划"。和客户的联系，也不要让对方觉得你在意的只是业绩，许多时候，甚至可以适时地这样讲：

"今天你要不要买产品，或者是不是跟我买，都没关系，重点是我真心要跟你分享这个保养观念，希望可以对你有帮助，也欢迎任何时刻有问题可以找我，就算不跟我买都没关系，这样好吗？"

要说是"以退为进"也好，说是"欲擒故纵"也好。总之，透过这些关心，可以拉近与客户的距离，也让成交更有可能。

Chapter15

确保交易成功的提问法

沟通基本定律 15
在沟通前没有必然的结果，沟通就是化偶然为必然。

解决问题的方法有千百种，像"如何做好沟通"，既是技术也是艺术，针对不同的人有不同的因应方式，所以并没有百分百的必胜秘诀。本书前面所讲的种种观念，都结合了人性的特质，以及多年的经验，实务应用上，自然还须搭配灵活弹性。而所谓"习惯成自然"，以业务员的角度来说，还是"次数决定技术"，愿意经常活用各种提问术的人，久而久之，就会建立起成功的业务沟通模式。

当然，如同本书一再强调的，业务销售是一种很重要的沟通模式，但其原理也可以应用在亲子交谊等各类人际关系间。

本章，将继续介绍几种有效的业务提问术。

结合人类心理的有效话术

在所有生物中，只有人类才有销售的行为，这是一种必须结合读心与提问才能完成的行为。就算是好朋友，如果她今天心情不好，身为朋友的你也知道今天不适合跟她做建议或销售。

只有人类，才会那么有"心"机。

针对心机，我们在进行沟通时就要结合心理学的应用，若在谈话中加入某些用语，有助于更激起客户的兴趣。

● 善用七字箴言，让客户察觉需求

在各种沟通谈话中，若适时加入"也就是对你来说"这七个字，会有很明显的效果。各位读者也可以试试：

"你知道吗？台湾现在面临少子化的问题很严重，六十五岁以上老人占总人口比越来越高，现在是六七个人抚养一个老人，到了 2030 年，可能变成每两个人就要抚养一个老人……"

讲到这，加入"七字箴言"：

"也就是对你来说，你现在三十岁，到你四十多岁正要打拼事业的黄金阶段，却要背负很大的家庭负担。李先生，你有想过，到时候你每月的支出开销有多大吗？"

这也是符合心理学原理，人人最关心的都是"自己"，当业务员陈述一个事件，或做商品介绍，客户总多多少少把自己当成旁听者。但当"七字箴言"出来，客户瞬间听到"对你来说"，于是聚焦在这件攸关自己的事上。如此，就能达到沟通效果。

其基本的模式如下：

1.先提出一个议题或问题。

2.在这个议题或问题中，包含一个警讯或一种未来的需求。

3.最后透过"七字箴言"——"也就是对你来说"，让客户产生连结。

●善用心锚来建立销售连结

没有人喜欢自己"被营销"，所以许多人批评业务员，说他们是"推销员"，那是负面的含意。但人们并不排斥被影响，例如我们听到好的导师上课，我们愿意受导师影响，提升自己。

一个优秀的业务员，善于"谈笑间，樯橹灰飞烟灭"，也就是不给人推销商品的印象，却又能让对方在不知不觉中认同业务员，愿意掏出钱或信用卡来购买产品。有一个实用的做法，就是下心锚。

所谓心锚，就是一种连结。好比有人闻到面包香，就想到妈妈；有人比个胜利手势说Yes，就感到心情振奋。这是因为从过往记忆或经验中，那个香味以及那个动作，已经为他建了一个心锚，也就是若 A 则 B，其中 A 就是那个心锚，B 就是心锚带来的结果。

关于心锚，这也是一门专业的心理课程。但这里只谈两个业务销售上常用的心锚，一个是优势心锚，一个是情绪心锚。

1. 优势心锚

就是刻意在介绍产品时，导引客户将自己的产品与优点连在一起。举例：

"小姐，你知道吗？居家清理是件很重要的事，好的吸尘器应该具备操作方便、吸力超强、滤网不堵塞等基本特点，并且不该有太大的噪音，外型要够时尚，同时也希望组装方便，可以轻易地收纳。"（业务员边说明，边摆手势，指的都是自家产品。）

一段长长谈话中，每次提到优点，业务员都借由手势在客户心中建立连结。每一次问"你知道吗？"当大脑想吸收信息时，业务员传达的是"所有的使用优点都等同于我们家的产品"，到后来，客户就会被建立一个心锚，我们的产品 = 最符合需求、各种优点都有的产品。

2. 情绪心锚

就是结合读心术，当我们讲话讲到让客户开心的时候，配合对方情绪，业务员适时地做出小小握拳展示胜利的动作，整个谈话中，每当客户表现出对话题有兴趣，展现正面肯定情绪时，都搭配这样的动作，那么，最后就等同为客户建立了情绪心锚。

当最终要谈到是否买单时，客户本来还在犹豫，这时候业务员适时他做出小小握拳动作，客户被激起一种开心的回忆，于是在那个瞬间，他下了决定愿意购买这个商品。

这就是心锚的力量。

在你的心中种下答案

谈到结合心理学，心锚这个术语，有很广泛的应用法。原本是用在心理治疗领域，如果有人有某种心结，怕狗、怕火等等，追根溯源，如果可以透过催眠等方式回到问题的源头，可以为小时候的某个记忆进行化解，就能从"过去"解救"现在"。

很多时候，心锚结合了负面印象，例如"一朝被蛇咬，十年怕井绳"。但这句话也让我们知道，建立"既定印象"，可以对行为产生很强大的影响。

以销售来说，重要的是怎样让客户对自家的产品，建立好的既定印象。如同上一节所提到的，透过优势心锚及情绪心锚，可以有效导引客户，因为好印象而产生消费行为。

而本节要讲的心锚，则是直捣客户内心。这种心锚，结合前面第九章所说的"让客户自己做决定"的观念，也就是藉由问句，导引客户"自己问自己问题"，然后加强对某个决定的力道。

那感觉就好像，一个人经过游乐园，觉得很热闹有趣，留下了"印象"，但透过提问，把那些既有的印象，透过心锚连结法，变成行动的刺激。乃至于本来只是经过，后来他自己也想进去游乐园。结合心锚连结，可以打造让对方产生与我们产品相链接的问句。

假定我们要销售健康食品，在以下种种提问前，双方已经有一定的谈话互动，以下的心锚问句，则是要刺激客户做行动：

● 你为什么……

你为什么参加宴会时感到没自信？为什么总觉得别的女子比较美丽？

之前的谈话主题原本就聚焦在健康与好气色，这时候透过问句，让对方问自己"为什么？"，加强"需要吃有助好气色的健康食品"的印象。

● 你有多想……

你有多想要陪着母亲去到更多地方旅行？你有多想让母亲不再为高血压毛病所苦呢？

之前的谈话主题本就聚焦在妈妈的身体保健，这时候透过问句，让对方自己问自己问题，建立心锚，加强"我想要让妈妈健康，所以该让她吃好的保健食品"的印象。

● 想象一下，如果你做到了……会出现什么结果

想象一下，如果你做到了，搭配这套健康食品及养生疗程，

当你下次出席同学时，会出现什么结果？

她想象着，哇！大家都睁大眼睛，看着身材明显变窈窕的她，像女神般出现。这个心锚连结着"一定要买这套健康食品，加入养生疗程"。

● **对你来说为何这结果这么重要？**

对你来说，为何让妈妈更健康，是这么的重要？

想着想着，妈妈真的是我最心爱的人。借由心锚连结，她越想就越觉得自己应该买下这套健康食品。

● **得到结果你会和谁分享喜悦？**

当你因为吃了这套健康食品，气色变好人也变窈窕了，你要和谁分享？和家人还是好闺密？

越想就越投入这个情境，已经完成心锚连结，非买不可了。

以上只是举例，但任何的沟通交流，最终都该让对方被导引到自己内心，让心中的需求，与眼前的产品结合在一起。

"更好的生活"＝"眼前产品"

"美丽的人生"="眼前产品"

"令人刮目相看"="眼前产品"

　　这样的心锚连结，不仅仅整个打动对方的心，而且重点在于都是对方"自己想要"的，那才是销售沟通的精髓。

从渴望到购买

其实结合心理因素，万变不离其宗，就是设法让"原本内心的渴望"被刺激出来。

重点是内心原本必须要有渴望。而人一定都有渴望，这渴望也一定可以找到和你商品的连结。重点在于你能不能发掘出来。

以汽车为例，可能读者会想，有人喜欢车子，有人不那么喜欢车子。所以车子不算是人人都喜爱的商品吧？但如果适当结合渴望，就能形成连结。

● **有的人渴望成就更高的职位，想当总经理、想当企业家**

这样的渴望跟汽车连结，就要塑造一个人拥有好的地位，自然也应该有名车相衬。

● **有的人渴望徜徉山林，悠闲过日子**

这样的渴望跟汽车连结，就要塑造一个人拥有一辆车，就可以更方便接近喜爱的大自然。

● **有的人渴望安定稳健，非常重视家庭生活**

这样的渴望跟汽车连结，就要塑造汽车就是"家"的延伸，让你室内室外都感到安全。

事实上，任何的渴望，都一定可以结合任何商品。

不论是渴望美丽、渴望爱情、渴望被重视、渴望好运……重点就看业务员懂不懂得导引渴望与商品连结，可以做到的就有业绩，做不到的当然就没有生意。

实务应用上，还是要结合提问。要点就是：

第一，透过谈话，尽量多了解客户的生活型态。

第二，从中直接听到，或间接判断出客户的渴望。

第三，把话题导入渴望。

第四，透过提问，让渴望与商品连结。

举例：

对你来说，家庭很重要是吗？你能想象当全家共同搭乘一辆安全的房车，那种愉悦的感觉吗？

成功的业务沟通过程，就是不断透过提问，让渴望与销售相连结，最终，客户已经认为这是件必须要达成的目标，就算得分期付款，也一定要买到。

如果客户还在犹疑，还有一个加强信念的方法，就是结合他的偶像。例如他很佩服某个大企业家，你就在谈话中结合他的渴望，"想象一下这种感觉，这样你就跟某某企业家开着同样的车款了。"

如此这般，成交就十之八九会缔结了。

Chapter16

终极必胜读心提问法

沟通基本定律 16
沟通不到最后关头，不要轻言放弃。

人与人相处，没有绝对的互动准则。例如，男孩喜欢女孩，但男孩无法把追到女孩视为绝对目标，因为感情的事不能勉强。包括父母教养小孩，无法强迫孩子一定要照家长意思读什么科系；夫妻相处，也不能一方永远都得配合另一方。

沟通，是不讲胜败的。沟通，只讲你愿不愿意被我影响，以及我用什么方式来影响你。

比较起来，商业销售虽然也是人际关系的一种，但"目的性"非常强，"可以的话，最好每个客户都被我说服买下产品"，这是所有业务员共通的思维。话说回来，就算客户一时胡涂被业务员说动买下产品，回家后悔了，反正就只是消费买卖，一个愿打一个愿挨而已。

本章谈的是终极业务提问销售，主要还是以业务销售为主，比较不适合其他沟通领域。虽然有"战术"的成分，但基本原则：

人与人间相处该以诚相待，这点依然是共通的。

让业务成功达阵的七个问句。

以下是结合前人经验，整理出的七个可以大幅增进成交的提问法。

● 问亲和

常听到所谓的"伸手不打笑脸人""礼多人不怪"。以亲和为切入点的提问法，重点主力不放在商品，而放在"销售者"本身。其效果依商品贵重性而定，举例：

妈妈带着小孩来逛卖场，店员亲切地向孩子说："弟弟你好可爱啊！今年几岁？"

女子去逛饰品店，业务员招呼："小姐姐，你这件衣服好漂亮，看起来你是很有品位的人。也请你多多品鉴我们的商品，看看怎样搭配你的衣服好吗？"

当商品价格不高，几百到千元内，可能只因为业务员的亲和力，接着一句"妈妈买一个乖乖桶给孩子好吗？现在有特价喔！"于是客户就比较容易心软，就掏钱买了。

当然针对高单价的东西，如汽车或企业建置网络系统等，问亲和则只能当作暖场用。实务上，还需要进阶商谈。

● 问背景

背景指的不是家世背景，而是跟需求有关的信息背景。例如保险业务员要了解客户过往的承保纪录，健康保健品业务员要了解客户平常的健康观念以及日常饮食习惯。

问背景要适当地结合"问亲和"，站在双方一定的信任基础上，再逐步地请客户提供信息。基本问法，就是实实在在地探询你想问的产品相关信息：

"你平常有喝酵素的习惯吗？"

"过往有没有三高的病历，家族有这方面的病史吗？"

"现在每月保费负担多少？你知道当有急难状况时，你可以获得多少补助吗？"

● 问痛苦

有两种刺激人类行动的诱因，一种是追求快乐，一种是逃离痛苦。比较来看，逃离痛苦力道大一点。举例：今天你若努力跑，就可以得冠军，赚到一百万，跟今天你若不努力跑，就会被僵尸王追上，把你碎尸万段。哪一个诱因会让你跑得比较

167

快呢？

以业务销售来说，就是抓住人们逃离痛苦的需求。由于许多这方面的需求，若不被提醒，人们本来是不知道的，所以需要"问痛苦"：

"王先生，你知道若依照你现有的收入模式，你到六十五岁退休时，可能无法照养自己，最糟情况可能被送去老人院吗？"

"陈太太，你知道再不做好保健，你等同每天都与死神作伴吗？你知道心血管发作往往没征兆，而你的数值已经很危险了吗？

"张先生，你那么疼爱孩子。但你知道，你的孩子每天处在一个充满尘螨的环境吗？"

透过"戳痛点的方式进行销售，虽然感觉很残忍，但只要想到你最终是为了客户好，就不会有压力。"

● 问放大

即所谓"伤口上洒盐"。假定"问痛苦"已经让客户有伤口了，但这样的伤口客户还能忍，于是业务员只好加强力道，把痛苦扩大。

最常见的放大法，就是针对家人。意思是，也许客户本身知道问题了，但他还是没那么在意。但你提醒他，你还有家人啊！

例如前述那位王先生，当业务员告诉他以现有收入到退休后可能会有问题，他心里可能想着，离那时候还有二三十年，现在担心还太早吧？这时候业务员再问：

"你的母亲年岁已高，等年过七十后，可能各种毛病都会一个接着一个来，到时候会有各种医疗支出，你有想过这问题吗？"

"你有想过，也许你自己生活过得去，但妈妈呢？岁月不等人啊！你难道不想要趁年轻做好理财规划，以后有能力带妈妈出国旅行吗？"

问题被放大后，客户最终也不得不重视了。

● 问解方

我们制造痛苦的目的，是让客户发现自己以前不重视的问题。起先我们扮演着先知的角色，传递未来可能发生的危机。接着一转身，我们要立刻变成救星，对客户表示没关系，针对危机我这里有解决方案：

"你想要后半生都不再烦恼突发事件带来的医疗费用问题吗？"

"你想要让孩子处在一个真正干净安全，没有尘螨的环境吗？"

当客户用企盼的眼神看着救星，再掏出你的解药（型录、产品说明方案）就对了。

● 问好处

终于客户被你说动了，现在正想要买产品。所谓问好处，就是针对产品的细节，具体简明地回答有哪些优点：

"这张保单，每月只要缴几百元，就可以让你获得终身保障。"

"这个清净机，日本专利技术原厂出品，可以有效带给全家一个干净无菌的空间。"

● 问成交

最后就是谈到成交的细节，完成七步骤的必胜问句流程。关于交易的种种细节，有没有折扣？多买一组有没有优惠？可以分期付款吗？等等。

　　对业务员来说，整个沟通都结束于一句封闭式问句："先生，那么，你要刷卡还是付现？"

先喜欢，再交易

如果可以，每个业务员都希望每次销售的结果就是成交。虽说做业务不等于开公司，不像开公司一样每天一开张就是一堆成本，但每个业务员都还是有一个最大的成本，那就是时间的付出。

没有一种沟通，会像业务销售这么重视时间的，那是因为，对业务员来说，沟通不是聊天消遣消磨时间，沟通若没带来收入，严重的话，可能得束紧腰带过生活，那是很悲惨的。

以时间成本来说，最好的境界，自然就是"根本不用花时间找客户，而是客户主动就来找他"；第二好的境界，就是所谓"人见人爱客户"，一见到业务员，就很能认同他，也愿意很快掏出信用卡下单。

关于第一个境界，那属于广告营销以及个人品牌营造范畴，不属于本书范围。但针对第二好的境界，却真的有这样的业务提问法，叫作 Like 销售法。

Like 这个单词，翻译成中文有两个意思，一个是"喜欢"，一个是"相像"。看起来好像是两个完全不同的译意，实际上，却是很有关联的。也就是说，人们会"喜欢"和自己"相像"的人。

和自己最相像的当然就是家人，所以我们最爱家人。而前面章节提过的向上归纳法，最终也是为了找出彼此的共通点，也就是找出彼此"相像"的地方，当你我都是同乡，那关系就变得不一样。特别是在海外，在茫茫人海中，你看到一个本国人，那种 Like 感，就更加明确。

在业务实务上，Like 感是可以创造出来的。具体来说，就是你要尽量让对方有个感觉："你和我是一样的"。这分成两个层面，一个是对话，一个是动作。

● **以对话创造 Like 感**

简单的相像感，就是刻意附和对方，产生彼此是同一国的感觉。

客户："昨天我看电视报导那个立委，他主张的环保议题，太过偏激了吧！"

业务员："对啊！我也觉得他言论太偏激。"

客户："核能有很大的危险性，但也不需要无限上纲变成有核能就等于世界末日吧？"

业务员："的确，若有核能是世界末日，但过去我们都使用核能那么多年了。"

一路对话下去，有时候会感觉到业务员在"鹦鹉学舌"。为了避免这样的误解，附和的过程要有技巧，也就是赞同对方观点，但不要每句重复，而是试着用其他语句，但同样是附和对方观点。

以对话创造 Like 感有个前提，就是话题要有独特性，如果只是这盘菜很好吃，我也是这样认为；这首歌很好听，我也是这么认为，那强度就不够大。而要扩大 Like 的效果，就要使用问句了。

当谈话过程中，业务员已经了解，这个客户虽然谈话中包含环保议题，但隐隐地对过激的环保运动不欣赏，于是就在后续对话中刻意地问：

"你知道吗？前些天我看到有环保抗议团体，为了表达要求，竟然占领工厂门口不让工人上班，你觉得这样会不会有点夸张？"

客户就如同你预期的反应说："对啊！民主社会，有意见可以表达，为何一定要妨碍别人工作自由呢？"

其实业务员本身可能对此议题并没有什么特殊立场，但透过刻意营造的 Like 感，客户觉得这业务员和他是"同一阵线"的，最终也和他缔结交易合约。

● 以动作创造 Like 感

谈到肢体语言，我们经常可以透过观察别人的动作，猜测对方现在是高兴或者有点焦躁。

但其实，肢体语言的另一个意义，就是"自我的展现"。有人习惯搔头，有人习惯托腮，这些动作可能长久下来，就是他个人的习惯，没有具体传达什么意思，甚至他本人也没有察觉到自己有这类动作。

然而在一个业务交谈场合，当业务员发现对方有某些动作，可以有节奏地"模仿"，但绝对不能变成让对方察觉不对，例如他做什么动作，你也立刻做什么动作，那就是一种嘲笑，双方会不欢而散。最好的模仿境界，就是让对方根本从头到尾都没发现，但虽说没发现，其实潜意识还是注意到了。

当他搔头，你可能隔个几秒也搔头，当他耸耸肩，你也是隔个几秒耸耸肩。将焦点放在比较大的动作上，有些动作，可以类似但不用全部比照，好比对方挠挠鼻头，你可以改为轻抓脸颊。

潜意识的力量是很大的，当双方谈话下来，客户可能会"莫名地"觉得彼此"很契合"，也就是有 Like 感。这当然会对交易有帮助。某方面来说，这种 Like 法，也正是读心术的进阶应用。

保证缔结订单的提问法

前面介绍了各种读心提问术，到此，本书也到了尾声。

最后，我们就来举一个情境，也就是当业务员在前头，已经使尽浑身解数，但讲到后来，那个客户还在犹豫中，甚至看他的肢体语言，似乎准备想离席走人了。

明明产品很好，也符合他的需求，前面都花了那么多时间介绍了，最后功亏一篑，那实在会感到很可惜。

这里，有几个可以起死回生的业务提问法：

● **你发现了吗？**

当谈话进入到一方似乎不想谈下去，交易快破局时，这时再怎么介绍产品，或说服客户这东西对你很好都不会有效果。这时候，可以转变话题，献出一个"全新的惊喜"。

这只能用在谈话最后。也就是说，每个业务员都有一个必杀的绝招，但非不得已不拿出来。所以在之前的商品介绍过程中，其实都没提过这件事，也正因为如此，当业务员忽然问：

"你发现了吗？你从进来谈话到现在，我们准备的水你都没喝。我们其实也都注意到了，你其实整个人气色很不佳。"

什么？突然被这样问到，客户当然会吃惊，怎么会从讨论商品变成讨论到自己。这时候，业务员就继续讨论着："其实前面都不敢跟你说，你的气色并不好，今天你买不买我们的健康食品，都没关系。但我们真的关心你的身体，如果可能的话，花一点点钱，让自己拥有好气色。"

于是经过这个"发现"，让客户又愿意聚焦在是否买产品这件事上。其他结合"发现"的问句，也有类似效果：

"你有没有发现？"

"你是否开始发现？"

"当你做了某件事你就会发现……"

"你会很高兴地发现……"

当以为沟通即将失败时，也许透过这样的"发现"，又能找到合作契机。

● 善用重复的力量

前面的章节，我们曾提到 3Yes 法则，那是一种重复的力量。这里的重复，不只可以用 Yes，也可以用其他"征求同意语"。例如：对不对？想不想？愿不愿意？

这听起来像是封闭型问句，但如果结合想象情境，就会变成是一种让客户"再三思考"的刺激。例如客户谈着谈着，似乎没意愿要买，这时候结合这种语尾强调法：

"不论如何，你还是希望自己和家人健康对不对？你也知道千金难买健康对不对？你其实担心的主要是花费问题对不对？"

"相逢就是缘分，愿不愿意趁现在给自己一个改变的机会？愿不愿意把握可以一下子年轻十岁的机会？愿不愿意让家人和自己一样都变得更健康？"

搭配以上的正面加强问句方式，另外还有负面加强的问句，也是要重复问至少三次。前面强调的是"事实"，后面强调的是"痛苦"："你的血压问题还是必须解决不是吗？一天天下去血压状况也不会自动变好，你也知道吧？血压的问题导致的后果很严重，你应该不会不担心吧？"

特别是当客户还在犹疑（最大的可能性应该是付款问题），这样的重点强调法，可以让本来屁股已经离开座位的客户，又再度坐回去。

● 沉默成交法

最终，我们来谈如何一段销售沟通吧！

结合肢体语言，传统文化观点里，当一个人伸出手准备和另一方握手，这是一种友善的动作，除非一方要给另一方难堪，否则当下对方也会伸出手来相握。然而，这时候又牵涉到另一种肢体语言解释，当双方握手，其实也经常是一种达成协议的意思。在双方谈合约，原本对方仍犹豫不决，忽然进展到握手阶段，接着顺势业务员就可以拿起笔来，请对方正式签约。

而如果当业务员伸出手时，客户感到突兀，因为他还没确认要不要签约。会有一瞬间，对方停顿在那，不知说什么好。这虽然是种不知所措的沉默，但聪明的业务员接着就说一句："我的祖母曾经说过，当人们面对事情没表示意见，那就默认的意思，代表答应了。我祖母后来嫁给我祖父时，就是这样透过默认的方式成亲的。"

听到这，客户不禁笑起来。笑，就对了，气氛朝向正面发展，他终于决定还是跟你握手，然后正式签约。

恭喜你，终于签约了。

希望本书可以带给你更多的成交，以及不论家庭、事业、感情、人际关系各方面，都能进行更好地沟通。

结 语

让你的影响力充分达阵

第一，我们会更关注，与我们沟通对象的表情与动作。

也许本来爸妈平常跟你叮咛时，你都爱理不理。后来你仔细发现，当他们做出叮咛时，表情充满关心与忧虑，于是你知道，爸妈对你真的很好。

你也会注意到你的伴侣或好朋友，在与你沟通时的微表情，你会想着："以前我都没有真正关心他们。"

此外，在和客户或者工作伙伴交流时，也会发现谁心不在焉，或谁的话语其实别有深意。

第二，认识我们沟通的对象后，接着也会懂得在沟通之前，要选对象也要选场合。

1. 如果对方根本不在乎你，那你的沟通可能会对牛弹琴。

2. 如果对方心不在焉，那也许今天不是沟通的好时机。

3. 如果对方表情出现焦虑、烦恼、生气等，那可能也非沟通好时机。

4.我们也都知道，与不同的人在不同的时机点谈论不同的话题，都有不同的因应方法。

第三，如果是务必要沟通的场合，好比说身为业务员，我们的工作就是销售产品给陌生人，那就要充分运用本书所介绍的各种读心提问技巧。

第四，如何善用提问读心技巧做好沟通，以下就是本书归纳的几个沟通法则：

沟通基本定律1

沟通，就是影响力的传递。

沟通基本定律2

同样的沟通，搭配不同的人事时地物，有不同的结果。

沟通基本定律3

人是会变的，就算面对同一个人，沟通方式也要调整。

沟通基本定律4

人是情绪的动物，所以语言的沟通要搭配情绪的沟通。

沟通基本定律5

即便你想影响一个人，但最好还是让他觉得是自己做的决定。

沟通基本定律6

往往从说出口的第一句话，就可以大致预测沟通结果。

沟通基本定律 7

任何的沟通，最终其实都以"安对方的心"为目的。

沟通基本定律 8

习惯真的是很可怕的力量，特别是沟通时更看得出来。

沟通基本定律 9

只要设定的结果可以达到，是不是当主角不重要。

沟通基本定律 10

达到目的最快的方式不一定是一直线，沟通也是如此。

沟通基本定律 11

在沟通的国度，没有绝对的真相，只有相对的最佳解答。

沟通基本定律 12

是朋友或陌生人，沟通方式不一样。关系建立，最是重要。

沟通基本定律 13

任何的销售或沟通，最终就是把"自己"销出去。

沟通基本定律 14

这世界没有真正的公平，有关系的人待遇就是不一样。

沟通基本定律 15

在沟通前没有必然的结果，沟通就是化偶然为必然。

沟通基本定律 16

沟通不到最后关头，不要轻言放弃。

希望每位读者，都可以因为阅读这本书而获益。让你的所有人际关系都更进阶：

- 与配偶相处更和谐，更能做好沟通。

- 与公司同事相处更紧密，能互助合作让事情完成。

- 在事业晋升上更平顺，因善于沟通而步步高升。

- 与朋友相处皆和乐融融，因为和你沟通总是如沐春风。

- 销售商品每月业绩都是 No.1，你是商品最佳代言人，也是每个客户值得信赖的好朋友。

关于如何透过读心及提问技巧进行沟通，有任何想要更进一步了解的地方，也欢迎参考"林裕峰"的个人主页，参加各种进阶课程。

图书在版编目（CIP）数据

同频沟通：把话说进对方的心坎里 / 林裕峰，（日）
清水建二著 . — 沈阳：沈阳出版社，2021.8
ISBN 978-7-5716-1458-4

Ⅰ . ①同… Ⅱ . ①林… ②清… Ⅲ . ①人际关系 – 语
言艺术 – 通俗读物 Ⅳ . ① C912.13-49

中国版本图书馆 CIP 数据核字 (2021) 第 000564 号

出版发行：沈阳出版发行集团 | 沈阳出版社
（地址：沈阳市沈河区南翰林路 10 号　邮编：110011）
网　　址：http://www.sycbs.com
印　　刷：北京金特印刷有限责任公司
幅面尺寸：145mm × 210mm
印　　张：6.25
字　　数：108 千字
出版时间：2021 年 8 月第 1 版
印刷时间：2021 年 8 月第 1 次印刷
责任编辑：杨　静
策划编辑：刘　可
封面设计：扁　舟
版式设计：杨西霞
责任校对：高玉君
责任监印：杨　旭

书　　号：ISBN 978-7-5716-1458-4
定　　价：45.00 元

联系电话：024-24112447
E － mail：sy24112447@163.com

本书若有印装质量问题，影响阅读，请与出版社联系调换。